인공지능과 편향

AI문고

인공지능 시대입니다. 기계가 인간의 인지를 대신하고, 사물이 인간을 통하지 않고 다른 사물과 직접 커뮤니케이션합니다. 이에 따른 인간 삶과 문명 변화를 정확히 이해·예측·대응하는 것은 이 시대 우리 모두의 과제입니다. AI문고는 인공지능 기술과 환경의 여러 주제를 10가지 키워드로 정리합니다. 관련 개념과 이론, 학계와 산업계의 쟁점, 우리 일상의 변화를 다룹니다. 인간과 기술의 현재, 미래를 세심히 분석합니다.

일러두기

- 이 책의 일부 장은 저자의 논문 "인공지능 편향식별의 공정성 기준과 완화"(2021)를 수정, 확장한 내용입니다.
- 인명, 작품명, 저서명, 개념어 등은 한글과 함께 괄호 안에 해당 국가의 원어를 병기했습니다.
- 외래어 표기는 현행 어문규정의 외래어표기법을 따랐습니다.

처음이세요?

전문가세요?

인공지능과 편향

김효은

대한민국, 서울, 커뮤니케이션북스, 2025

인공지능과 편향

지은이 김효은
펴낸이 박영률

초판 1쇄 펴낸날 2025년 6월 10일

커뮤니케이션북스(주)
출판 등록 2007년 8월 17일 제313-2007-000166호
02880 서울시 성북구 성북로 5-11
전화(02) 7474 001, 팩스(02) 736 5047
commbooks@commbooks.com
www.commbooks.com

ISBN 979-11-430-0024-8 03500

책값은 뒤표지에 표시되어 있습니다.

차례

인공지능에서 편향의 위치

현대 인공지능의 특성과 편향

과거 주류였던 규칙 기반 인공지능과 달리 오늘날의 인공지능은 데이터 기반으로 기계 학습하여 구축된다. 현대 인공지능에 개입되는 '편향(bias)'이란 인공지능 생명주기, 즉 기획 및 설계 단계, 데이터 수집 및 선택, 분류 단계, 알고리즘 선정 및 기계 학습, 그리고 배포 및 적용과 모니터링에 이르기까지의 모든 단계들에서 인공지능의 의사 결정이 특정 집단, 지역, 측면에 기울어진 결과를 초래하는 기준이 개입되는 것을 의미한다.

규칙 기반의 인공지능이나 일반 소프트웨어 시스템은 개발자가 설계한 명령과 코드화된 절차에 따라 예측 가능한 방식으로 동작한다. 따라서 규칙 기반 시스템에서 발생하는 윤리적 문제들은 주로 코딩 과정의 오류나 데이터 부족, 그리고 시스템 악용 및 잘못된 사용에서 기인한다. 발견된 문제들은 정해진 규칙에 따라 원인이 정확히 파악되고 수정 또한 용이하다.

대조적으로 현대의 인공지능 시스템은 대부분 빅데이

터를 기반으로 한 기계 학습과 딥러닝 방법을 활용한다. 기계 학습 과정의 내부를 알 수 없는 '블랙박스(Black-box)' 현상으로 인해 인공지능 의사 결정의 근거를 알기 어렵다. 이때 '블랙박스'라는 표현은 자동차의 블랙박스와 달리 안에서 학습되는 과정의 내부를 알 수 없다는 의미로 사용된다.

시스템의 성능과 신뢰성은 학습에 사용된 데이터의 양과 질에 크게 의존한다. 모델의 최적화 알고리즘에 따라 예기치 않은 오류나 편향이 발생할 수 있고, 이는 개발 단계에서 예측하기 어렵다. 특히 윤리적 문제가 발생했을 때는 그 원인을 정확히 파악하는 것이 기존의 기술적 문제들과 비교하여 훨씬 더 복잡하고 어려운 과제가 된다. 이는 학습 데이터의 방대함과 알고리즘의 복잡성, 그리고 다양한 요인들이 상호작용하는 특성 때문이다. 따라서 인공지능 시스템의 윤리적 안전성을 확보하기 위해서는 개발 단계에서부터 더욱 세심한 주의와 체계적인 접근이 필요하다.

기계 학습을 거쳐 만들어지는 인공지능은 입력된 데이터에 대한 예측을 목표로 하는데, 과거 사례들로부터 패턴 및 규칙을 도출하는 모델을 만든다. 장미꽃, 국화꽃, 매화꽃 등을 다르게 식별하거나 여러 가지 장난감을 식별하는 등 인간 대상이 아닌 인공지능도 있고, 인간의 행동이나 정보들을 대상으로 취업, 대출 여부, 광고, 재정 지원 등을 결정하는 인공지능도 있다.

이 중 정확도에 상대적으로 더 민감한 쪽은 인간 대상 인공지능이다. 인간 대상 인공지능의 의사 결정이 과거 데이터들에서 상대적으로 덜 대표되거나 소외되었던 집단들의 구성원들에게 부정확하게 내려질 가능성이 크다는 것, 즉 편향에 취약하다는 것은 이제 많이 알려져 있다. 이에 대한 해결책들이 전 세계 인공지능 및 인공지능 윤리 정책 및 비즈니스에서 논의되어 왔다.

사물이나 동식물 대상 인공지능도 예외는 아니다. 예컨대 정원은 나라마다 다른 스타일과 모양을 하고 있으며 정원이라는 것이 없는 나라도 있다. 이때 한 국가에서의 여러 가지 정원의 모습을 이미지 데이터로 구축하여 모델을 만들고 이 모델을 기반으로 인공지능이 만들어질 때, 다른 나라에서는 해당 인공지능이 정원 식별 성능이 떨어질 수 있다. 이 경우 특정 나라에 편향된 데이터 및 인공지능이라고 할 수 있다.

미국 보스턴에서 도로의 파인 구멍을 발견하는 인공지능을 만들 때 스마트폰 애플리케이션의 사용자들이 데이터를 제공하도록 하는 방식으로 데이터를 수집하였는데, 결과적으로 부유층 거주 지역의 도로 구멍 데이터가 상대적으로 많았다고 한다. 스마트폰이 없거나 요금을 부담하기 어려운 계층이 사는 지역의 도로 구멍은 발견하기 어렵게 되었고, 특정 집단 및 특정 지역에 대한 편향이 있는 인공지능이 만들어져 정확도가 떨어지게 되었다.

데이터 기반 인공지능에서의 편향

기업 차원에서는 인공지능 윤리를 소비자 및 사회의 평판이나 이미지를 위한 것으로 보는 시각이 많다. 편향과 같은 요소를 고려하는 것은 오히려 인공지능 개발을 저해한다고 보는 시각이 있다. 이러한 시각은 규칙 기반 컴퓨터 시스템 중심의 고전적 시각이다.

규칙 기반 인공지능이 주류였던 시기에는 주로 컴퓨터의 '사용'과 관련한 윤리 쟁점들, 예컨대 정보 보안, 개인 정보, 프라이버시 이슈들이 있었다. 컴퓨터가 규칙 기반의 자동 시스템이든 데이터 기반(data-based)의 자율 지능 시스템이든 그 특성과 관련 없이 거론되는 문제들이다.

현재의 인공지능 윤리 이슈들은 규칙 기반 컴퓨터가 주로 발전되던 시기의 윤리적 이슈와는 완전히 다른 새로운 차원의 사안들인 편향성, 투명성 문제가 제기된다. 자율 시스템으로서의 인공지능이 만들어질 때 인간은 최소한의 제한 규칙만 제공할 뿐 정해진 입력-출력의 법칙을 사용하지 않기에, 컴퓨터가 어떤 과정을 거쳐서 기계 학습을 하는지 그 작동 방식을 알지 못해 인공지능의 결정 근거를 알 수 없다는 '블랙박스' 문제, 즉 투명성 문제가 발생한다. 블랙박스 상황 때문에 생명과 인권을 다루는 인공지능 의사나 인공지능 변호사의 의사 결정이 어떤 근거로 내려졌는지를 알기 어렵다면 개인의 생명과 사회의 안전성에 문제가 된다. 의사 결정의 근거를 사용자에게 제공하기 위해 개발된 것이 '설명 가능한 인공지능(explainable AI)'이다.

기계 학습에의 훈련 데이터가 되기 이전에 원시(raw) 혹은 정제 데이터에 존재하는 집단 간 불균형은 블랙박스의 과정을 거쳐 증폭되는 현상이 생겨나며, 데이터 내부의 벡터 간 연관 관계에 의한 간접 편향이 생기기도 한다. 이러한 점들은 규칙 기반 인공지능에서는 나타나지 않았던 특성들이다.

이러한 특성들은 편향이 인공지능의 배포 후 사용 측면에서 발생하는 것이 아니라, 인공지능 시스템의 설계 및 구성에 내재해 있음을 암시한다. 그런 의미에서, 인공지능 편향의 인식과 완화는 데이터 전처리와 기계 학습을 이해하고 그 과정에서 편향이 개입되는 지점들을 인지하는 것이 중요하다.

인공지능 편향은 인간이 만들어 낸 데이터에서부터 내재하며 어느 정도 조정 가능한 만큼 기획자든, 개발자든, 일반 사용자든 인공지능의 구축 과정에서 어떻게 편향이 내재되는지를 잘 이해하는 것이 필요하다. 기업 책임자나 인공지능 기획자의 입장에서는 기업에서 출시하는 상품의 지속 가능성과 비즈니스를 위해, 사용자의 입장에서는 인공지능의 결정이 만들어 낼 편향에 의한 사용자의 피해를 방지할 수 있다. 인공지능 편향의 시스템적 이해를 위해서는 인공지능의 구성 절차 중 일부라도 간접 체험을 해 보는 것이 이상적이다. 현재 어린이도 경험 가능한 기계 학습 플랫폼이 다양하게 존재하는 만큼, 수준을 다양하게 조정할 수 있다. 이를 통해 데이터의 종류를 달리해 보고, 변수를 변화시켜 봄으로써 비교적 간단하게 기계 학습의 원리와 편향의 발생하는 지점을 직접 이해할 수 있다(김효은, 2020). 일반인들은 인공지능의 설계, 제작에는 참여하지 않지만 인공지능 기반의 시스템이 내리는 의사 결정에 큰 영향을 받는다. 따라서 인공지능의 구성 과정과 편향이 개입되는 지점, 조정 가능하다는 사실과 이것이 사회의 거버넌스와 연관되어 있다는 점을 인지하면, 점차 영향력이 더 커져 가는 인공지능과 관련된 지킬 사항과 권리 사항을 정확히 행사하여 시민권을 지킬 수 있다.

고전적 컴퓨터 시스템에서는 편향이 주요 이슈가 아닌 이유

현대의 인공지능은 고전적 인공지능 시스템보다는 각 기술 단계마다 이루어지는 선택들이 더 많고, 그 선택들에 편향이 개입된다.

고전적 시스템과 현대 인공지능 시스템 양자 모두 데이터 전처리 단계와 모델 평가 단계에서 편향이 개입되는 선택을 하게 된다. 데이터 전처리 단계 중 결측지 처리, 이상치 제거, 정규화 및 표준화, 모델 평가 단계인 검증 데이터 분할과 성능 지표 선정에서 인간의 선택이 영향을 준다.

현대 인공지능 시스템에서는 구조 설계 단계와 학습 알고리즘 설정 단계에서 인간이 선택하는 부분들이 더 추가되었다. 인공지능 구조의 설계 단계에서 신경망 층의 깊이와 너비, 활성화 함수, 주의(attention) 메커니즘 설계, 그리고 학습 알고리즘 설정에서는 손실 함수 선택,

학습률 설정, 배치 크기 설정 등이다.

이전 시스템에서는 복잡한 기술적 선택들이 훨씬 적었기 때문에, 편향 문제가 주로 데이터의 불균형으로만 여겨졌으며 그에 대한 대응이 비교적 용이하기에 이슈로 발전하지는 않았다. 작금의 인공지능 시스템에서는 모든 개발 기술 단계들에서의 처리 및 선택이 사회적 편향에 영향을 줄 수 있지만, 특히 데이터 전처리와 모델 평가 단계가 영향을 미친다.

데이터 불균형을 넘어서는 인공지능 편향 문제

인공지능에서 발생하는 편향성 문제는 시스템 차원에서의 데이터 불균형 문제를 포함한다. 데이터 불균형 문제는 주로 클래스 간 분포 차이에 초점을 맞추며, 언더샘플링(undersampling: 불균형한 데이터 세트에서 높은 비율을 차지하는 클래스의 데이터 수를 줄임으로써 불균형을 해소)이나 오버샘플링(oversampling)을 통해 비교적 명확하게 해결할 수 있다. 또 문제 해결에 대한 평가는 정확도나 재현율과 같은 명확한 성능 지표를 사용하여 수행할 수 있다.

자율 지능 시스템(autonomous intelligent system)으로서의 현대 인공지능 시스템에서 나타나는 편향성은 보다 다면적이다. '자율 지능 시스템'에서 '자율'은 '복잡한 환경에서 복잡한 임무를 수행하기 위해, 스스로 인식하고, 계획하고, 학습하고, 진단하고, 제어하고, 중재하고, 협업하는 등 다양한 지능적 기능들을 가지는 시스템'으로 정의된다. 미국 표준기술연구소에서 기계의 자율성 정의에 따르면, 레벨 0부터 레벨 5까지 총 6개의 층위로 기계 자율성이 정의된다(Ezenkwu & Starkey, 2019). 그런데 여기서 '자율' 개념은 인간에게 부여되는 개념인 자유(freedom)와 동등한 의미가 아니라는 점을 유의해야 한다. 그렇지 않으면 무인 자동차를 때로 '자율 주행차'로 칭할 때, 그리고 로봇이나 인공지능을 생각할 때, 자칫 인간의 자유 의지나 자율성과 유사한 심적 상태가 기계에도 있다는 오해를 하게 된다.

물론, '인공지능이 인간과 같은 자유 의지나 자율성을 지닌다고 할 수 있는지'라고 질문할 수는 있다. 그러나 이 질문은 현재 개발 및 사용되고 있는 영역별 인공지능인 '좁은 인공지능(ANI: artificial narrow intelligence)' 혹은 '범용 인공지능(AGI: artificial general intelligence)'을 타깃으로 하기에는 적절하지 않다. 그 질문은 인간 수준을 넘어선 '초인공지능 (ASI: artificial superintelligence)' 수준에서 논의되는 것이 적절하다.

현대 인공지능의 '자율성'의 정도를 이야기하게 되면서, 편향의 문제는 단순히 데이터 불균형을 넘어서는 문제가 된다. 데이터 분포 문제를 포함하여 사회 문화적 맥락이 복잡하게 얽혀 있는 문제로, 이와 관련한 편향들을 인식하고 완화하는 기술들이 발전하고 있다. 예를 들어 특정 인종이나 특정 연령대와 같은 특정 인구 집단의 과소 또는 과대 대표성 문제, 데이터 특성 간의 복잡한 상호작용으로 인해 발생하는 편향성, 모델의 학습 과정에서 발생하는 편향성의 증폭 효과, 명시적으로 드러나지 않아도 대리 변수를 통해 드러나는 편향, 그리고 적용되는 내용의 맥락에 따라 변동성을 가지고 나타나는 편향이 있다. 직접적으로 드러나지는 않지만 간접적 방식으로 나타나는 편향으로 인한 차별 가능성도 배제할 수 없다.

어떤 인공지능 시스템이 특정 인종이나 특정 성, 특정 연령대, 특정 집단에 대해 현저히 낮은 정확도를 보이는 현상은 단순한 데이터 불균형의 문제를 넘어선다. 데이터 대표성 문제를 해결한다고 할지라도, 데이터에 내재된 역사적, 사회적 편향이 인공지능 시스템을 통해 재생산되고 증폭되는 경우가 있으며, 인공지능 기획 단계에서 자연스럽게 특정 집단에 가중치가 더 부여되는 경우도 있다. 특정 집단에 가중치가 더 부여되는 것이 해당 인공지능 시스템의 목표에 비추어 적절한 경우가 있으며, 적절하지 않은 경우도 있다. 적절한지를 구분하는 기준은 기술적으로만 해결되는 것이 아니며 사회적, 윤리적 차원의 논의나 합의가 필요한 경우가 있다. 따라서 인공지능 시스템 개발의 여러 단계에서의 세심한 주의뿐만 아니라, 배포 단계 이후에도 지속적으로 모니터링하고 평가할 필요가 있다.

인공지능에서 편향성 탐지의 어려움

기존의 소프트웨어 시스템이 명시적인 프로그래밍 로직으로 작동하는 반면, 현대 인공지능 시스템은 복잡한 학습 메커니즘과 불투명한 학습 과정으로 인해 편향성 탐지가 어렵다. 그 이유는 간접적 편향, 입력 정보와 맥락에 따라 변경되는 편향의 양상, 편향성 지표의 다양성 때문이다.

간접적 편향은 편향의 원인 요소를 미리 제거하더라도 모델 안 메커니즘을 통해 편향이 나타나기 때문에 발생한다. 인공지능 시스템에서 편향 완화를 위해서 미리 보호 속성(protected attributes) 관련 벡터를 훈련 데이터로부터 제거할 수는 있다. 그런데 그렇더라도 대리 메커니즘을 통해 편향이 발전될 가능성이 있다.

인공지능 시스템은 훈련 데이터에서 패턴을 학습하면서 데이터에 존재하는 사회적 편향을 본질적으로 내포하게 된다. 그런데 동일한 모델이라 하더라도 인공지능이 적용되는 맥락에 따라서는 상이한 편향을 보일 수밖에 없다. 또 입력 조건에 따라 편향의 심각도가 달라질 수 있다. 생성형 인공지능의 경우, 인공지능 시스템에 주어지는 질문이나 요청 자체가 편향된 내용을 담고 있을 수 있는데, 이에 따라 편향적 답변의 내용과 정도가 달라질 수 있다. 생성형 인공지능에 "성공한 CEO(최고경영자)의 특징은?"이라는 질문을 입력했을 때, 입력자는 특정 성별을 염두에 두지 않았을 수 있다. 하지만 인공지능은 사회적 통념과 미디어에 기반한 데이터로 만들어진다. 과거에는 여성 CEO가 매우 소수였기에 남성 CEO의 데이터와 그 특성이 기계 학습될 수밖에 없다. 따라서 인공지능은 자연스레 남성 CEO의 특징들을 출력하게 된다.

한 종류의 편향성을 측정한다는 것은 특정한 유형의 공정성을 가정하는 것이다. 공정성은 다양한 분야 및 인공지능이 적용되는 목표나 배경, 활용 환경에 따라 다르게 해석될 수 있으며, 인공지능에서 공정성을 구현하는 데 혼란을 초래할 수 있다.

법률에서는 차별 방지와 특정 사회적 집단에 대한 보호를 강조하며, 사회 과학에서는 사회적 관계와 권력 관계를, 철학에서는 도덕적 올바름과 정의 개념에 중점을 두어 왔다. 이러한 다양한 정의는 인공지능 시스템에서 공정성을 구현 및 활용하는 데 일관적이지 않고 혼란을 초래할 수 있다.

인공지능 편향 인식과 이해관계

어떤 데이터나 인공지능 시스템에 편향이 있다고 판단하는 것은 한 유형의 편향만을 인식한 것이다. 해당 편향 판단 외에 편향에 대한 다양한 판단 기준이 있고 다수의 공정성 지표를 전제한다. 어느 공정성 기준 혹은 어느 편향성 판단이 맞는지는 해당 인공지능의 활용 내용과 맥락에 따라 달라진다. 또한 이해관계자에 따라 다른 관점에서 다른 공정성 기준으로 평가할 수 있다. 그렇다고 해서 여러 공정성 기준을 모두 동시에 고려하는 것은 불가능하다. 이들 다수의 공정성 지표는 상충하며 상호 양립이 불가능하다.

사회적으로는 동일 사안에 대해 다양한 이해관계자들이 상이한 공정성 요구 사항을 가질 수 있기에 합의나 논의가 용이하지 않다. 이해관계자란 인공지능 시스템과 직접 관련되거나 간접적으로 사회적 영향력을 감시하는 유형으로 나뉜다. 직접적 이해관계자에는 시스템 소유권자와 배포자, 시스템 설계자 및 개발자와 사용자가 있다. 또 시스템의 직접 사용이나 개발에는 참여하지 않지만, 시스템의 운영과 결과로부터 간접적인 영향을 받는 간접적 이해관계자로는 규제 기관, 시민 사회가 있다. 이렇게 다양한 이해관계자들이 인식하는 편향 및 공정성 간의 절충이란 다소 비현실적이거나 쉽지 않다.

인공지능 편향의 이러한 특징들은 인공지능 시스템의 특성을 고려한 더 정교한 편향성 탐지 방법이 필요함을 시사한다. 또 다양한 편향성 탐지 및 공정성 평가 기준들이 수많은 특정 맥락 중 어느 맥락에 대응되는지를 정확히 인지하는 능력이 요구된다.

의도하지 않은 편향

인공지능 개발이 빅데이터를 기본 재료로 활용하는 만큼, 빅데이터에 내재되어 있지만 잘 드러나지 않는 편향이 있을 수 있다. 표면적으로는 중립적이고 공정해 보이는 기준이나 규칙을 사용하고, 명시적으로 특정 집단을 차별하지 않고 차별할 의도가 없거나 없는 것처럼 보인다. 그러나 실제 적용 결과를 보면 특정 집단에 불리한 결과가 발생하고, 통계적으로 유의미한 차이가 나타날 수 있다(Calderon, 2024).

인공지능에서 나타나는 이러한 차별은 결과적으로 나타나는 차별로, 간접 차별의 일종이라고 할 수 있다. 미국 법률에서 'disparate impact'로 사용되는 핵심 개념은 차별적 영향 또는 불균등한 영향이라는 의미로 번역되는데, 일반적으로는 그 함의를 따서 '간접 차별 효과'라고 불린다. 의도하지 않았더라도 결과적으로 차별이 발생하는 것이다. 예를 들어 대출 가능 여부에 대한 심사 기준으로 거주 지역의 평균 소득을 사용하는 경우를 생각해 볼 수 있다. 표면적으로는 중립적 기준으로 보이지만, 결과적으로 특정 집단에 불이익을 초래할 수 있다. 또 키나 체력 조건을 직무 요건으로 설정하는 경우도 객관적 기준처럼 보이지만, 실제로는 여성 지원자들에게 불리하게 작용할 수 있다. 초기에는 법적 맥락에서, 간접 차별 효과에 대한 이론은 미국에서 편견을 해소하고 평등을 증진하기 위해 주택 정책, 교육, 고용 관행, 대출 및 금융 서비스, 공공 정책에 널리 사용되었다.

간접 차별 효과 이론은 인공지능 시스템의 의사 결정이 야기할 수 있는 차별 문제 해결뿐만 아니라 인공지능 시스템의 질을 평가하는 데 유용하다. 채용 인공지능의 설계 시 특정 기준에 따라 데이터를 라벨링하여 데이터 세트를 만들게 된다. 이 데이터 세트로 학습된 모델의 경우 자연스럽게 그 모델에 잘 맞는 계층이나 집단은 결과적으로 이득을 받을 수밖에 없다. 이러한 간접적 편향은 인공지능 시스템에서 특히 중요한 문제가 된다. 사전 점검을 통해서 알고리즘이 표면적으로는 중립적 데이터를 사용한다는 평가를 받았다고 하더라도, 학습 과정에서 사회의 구조적 불평등을 그대로 반영하거나 증폭할 수 있기 때문이다.

편향 완화에 필요한 사항들

공정성 기준을 적용해서 인공지능 및 데이터 안에 내재한 편향을 교정 및 완화하려면 인공지능이 사용되는 맥락에 적절한 공정성 기준이 어떤 것인지를 판단해야 한다. 단순히 기존에 개발된 편향 완화 기술의 코드를 인공지능 맥락과 상관없이 입력 및 실행하는 것으로 해결되지 않을 뿐만 아니라 잘못된 적용으로 인공지능 시스템의 안전성에 영향을 미칠 수 있다. 실제 적용에서는 관련된 법적 요구 사항 검토, 그리고 이해관계자들과 함께 편향 완화 후 인공지능의 의사 결정 양상의 변화 및 사회에의 영향도 검토해야 안전하다. 다른 공정성 지표들과의 균형도 중요하고 시스템 전체 성능과의 균형도 고려해야 한다.

공정성에 대한 보편적이고 단일한 정의는 없고 인공지능이 다양한 유형의 공정성을 동시에 충족하는 것은 불가능하다. 따라서 인공지능 개발과 관련된 의사 결정자들은 시스템의 특성을 평가하여 편향을 평가하는 데 가장 적합한 지표를 결정해야 하며, 편향으로 인해 발생할 수 있는 위험을 완화하는 데 가장 적합한 지표를 결정할 수 있다.

이 책은 이와 관련하여 인공지능 시스템의 기획자, 개발자들이 시스템의 서비스나 상품의 지속적인 안전을 위해 편향 완화를 해야 하는 배경과 완화 방법 및 공정성 기준을 다룬다. 또 인공지능 시스템의 사용자, 사용하지 않지만 시스템의 결정으로 인해 영향을 받는 일반인들이 피해를 방지하고 시민 권리를 확보하기 위해 알아야 할 사항들을 다룬다. 인공지능 편향은 인공지능의 문제이기에 앞서서 인간이 만들어 낸 데이터로 인해 생겨나는 일상이며, 이를 안전하게 만드는 것은 단순히 인공지능 시스템을 기획하고 만들어 내는 이들뿐만 아니라 사용자와 일반인들에게 달려 있다.

참고문헌

김효은(2020). 공학적 방법을 결합한 인공지능윤리 학습. ≪윤리연구≫, 1(129), pp.133-153.

Calderon, V. (2024). Unintentional algorithmic discrimination: How artificial intelligence undermines disparate impact jurisprudence. *Duke law & technology review*, 24(1), pp.28-51.

Ezenkwu, C. P. & Starkey, A.(2019). Machine autonomy: definition, approaches, challenges and research gaps. *In intelligent computing: Proceedings of the 2019 computing conference*, Volume 1, pp.335-358. Springer International Publishing.

01
인공지능 편향 정책

유럽연합의 인공지능법 이후 한국은 인공지능기본법이 곧 시행된다. 인공지능 윤리 정책은 세계적으로 가이드라인 차원을 넘어서 인공지능 생명 주기의 단계들에 맞춘 전반적이고 체계적인 인공지능 신뢰성 평가로 이어지고 있다. 인공지능 편향 또한 생명 주기의 각 단계에 개입되는 편향 탐지와 완화의 구체적 내용을 검토케 하는 체계적 영향 평가가 개발 중이다.

AI와 1인 창업?

한국의 인공지능 기본법과 편향 정책

우리나라는 2024년 12월 26일 국회 본회의에서 '인공지능 발전과 신뢰 기반 조성 등에 관한 기본법(이하 인공지능기본법)'이 통과되어 2025년 1월 공포되었으며 2026년 1월에 시행 예정이다. 인공지능 관련 법제로는 유럽연합(EU) 이외 최초다. 정부는 시행령의 내용을 구체화하게 된다. 인공지능기본법의 바탕이 된 것은 정부 관계 부처와 산하 출연연이 만든 '사람이 중심이 되는 인공지능 윤리기준(관계부처 합동 2020)', '신뢰할 수 있는 인공지능 실현전략(관계부처 합동2021)'이다. 여기서 발표된 인공지능 신뢰성 및 윤리 기준의 10대 점검 항목은 인권 보장, 프라이버시 보호, 다양성 존중, 침해 금지, 공공성, 연대성, 데이터 관리, 책임성, 안전성, 투명성이다. 이 중 인권 보장, 다양성 존중, 공공성, 데이터 관리, 책임성, 투명성 항목이 인공지능 편향과 직접적으로 관련이 되는 항목들이다.

한국의 인공지능기본법의 핵심 내용은 다음과 같다. 사람의 생명 · 신체의 안전과 기본권에 중대한 영향을 미치거나 위험을 초래할 수 있는 인공지능 시스템 중 에너지, 식수, 보건 의료, 디지털 의료 기기, 원자력 시설, 범죄 수사 및 체포를 위한 생체 인식 정보 분석 활용, 채용 · 대출 심사 등에 활용되는 것을 '고영향 인공지능'으로 규정했다. 고영향 인공지능 제품 · 서비스를 제공하는 사업자는 이용자에게 사전 고지하고 생성물이 인공지능으로 만들어진 것임을 표시해야 하는 등 의무도 명시했다. 또 정부는 3년마다 인공지능 기본 계획을 수립 · 시행하도록 하고 법 위반 사업자에 대해 필요한 조사를 한다.

과학기술정보통신부에서는 인공지능기본법이 나오기 전부터 편향을 비롯한 신뢰성 관련 요소들을 기술 차원에서 자가 검증할 수 있는 개발 안내서(과기부 · 한국정보통신기술협회, 2023; 2024)를 발전시켜 왔다. 신뢰할 수 있는 인공지능 개발 안내서 7종은 2023년에 일반, 공공 사회, 의료, 자율 주행 분야에 대해 발간되었으며, 2024년에는 일반(개정), 생성형 인공지능 서비스, 스마트 치안, 채용 분야에 대한 안내서가 발간되었다.

유럽연합의 인공지능법과 편향

유럽연합의 인공지능법[인공지능 Act(EU 2024)]은 인공지능 기술의 윤리적, 법적, 사회적 영향에 대응하기 위해 마련된 최초의 포괄적인 인공지능 규제 법안이다. 2024년 3월 유럽의회에서 통과 후 5월 승인되었고 단계적 시행이 시작되었다. 이 법에는 인공지능 시스템을 위험 수준에 따라 분류하고 이에 따른 예시와 의무 사항들이 정리되어 있다. '수용 불가 위험(unacceptable risk) 인공지능 시스템'은 인간의 존엄성, 자유, 평등, 차별 금지, 민주주의 및 법치와 같은 EU의 기본 가치를 위반하는 경우 사용이 전면 금지된다. '고위험(high-risk) 인공지능 시스템'은 생체 인식, 중요 인프라, 교육, 필수 서비스 등 사회적으로 민감한 분야에 사용될 때 높은 수준의 규제 대상이며, '제한된 위험성을 갖는 인공지능 시스템'은 위험도가 비교적 낮지만, 사용자와의 상호 작용 과정에서 투명성이 요구된다. 마지막으로, '저위험 인공지능 시스템'은 일상적인 상업적 또는 개인적 용도의 인공지능이다. 한국 기업이 만든 인공지능 시스템이 EU에서 이용될 경우 EU의 인공지능법 규제를 적용받게 되므로 전 세계에 광범위하게 영향을 미친다.

인공지능법에서는 인공지능 편향과 관련하여 검토와 완화할 것을 다음과 같이 언급한다. 데이터 세트는 건강, 안전, 기본권에 부정적인 영향을 미치거나 금지된 차별로 이어질 수 있는 잠재적 편향이 있는지 검토해야 한다. 특히 인공지능 시스템의 출력이 미래의 입력에 영향을 미칠 때는 더욱 그러하며, 식별된 편향을 탐지, 예방 및 완화하기 위한 적절한 조치를 구현해야 한다.

뉴욕시 지방법의 편향 감사

뉴욕시의 2021년 지방법 144호는 2023년 7월부터 발효된 자동 고용 결정 도구(Automated Employment Decision Tool, AEDT)에 대한 감사(audit, 勘査)를 위한 것으로, 고용 관련 인공지능 시스템에 성별, 인종, 민족 등에 따른 편향이 있는지를 조사하는 것이다(NYC, 2023). 승진 결정 절차에서 AEDT를 사용하는 고용주들은 매년 제3자 편향 감사를 따라야 한다. 감사가 실시되는 내용은 다음과 같다. 1) AEDT의 특정 집단들에 대한 '선발률', 2) 선택된 각 집단의 '영향 비율', 3) 성별, 인종, 민족과 이들의 교차점을 조합하여 '교차 분석한 영향 비율', 4) 계산에서 제외된 범주에 속하는 지원자가 있는지 확인하는 '누락된 데이터 처리'.

이 지방법은 채용에 사용되는 알고리즘 시스템의 편향을 구체적인 내용과 함께 독립적으로 감사할 것을 의무화한 최초의 법률이다.

알고리즘 편향 표준화 시도들

인공지능 윤리 및 신뢰성의 다양한 점검 항목 각각에 대해 '표준(standard)'이 여러 기관에서 개발되고 있다. '표준'은 개발자와 조직이 보다 책임감 있고 투명한 인공지능 시스템을 개발하고 배포할 때 가이드라인과 우수 사례 홍보를 포함하는 모범 사례로 역할을 한다. 대표적으로, IEEE(국제전기전자공학자협회)에서는 다양한 신뢰성 항목들에 대한 표준들을 개발하고 있으며, 인공지능 편향성에 대해서는 'IEEE P7003: 알고리즘 편향 고려 사항 표준(IEEE 2025)'이라는 이름으로 보고서 작업을 진행 중이다. 이 표준은 IEEE 자율 및 지능형 시스템 윤리 글로벌 이니셔티브의 일부이며 알고리즘 의사 결정 시스템에서 의도치 않은, 정당화되지 않은, 부적절한 편향을 식별하고 완화하는 데 개인이나 조직에 개발 프레임워크를 제공하려는 것이다.

제네바에 본부를 둔 국제 표준화 기구인 ISO(International Organization for Standardization)에서는 인공지능 편향과 관련하여 인공지능 시스템 및 인공지능 지원 의사 결정의 편향(ISO/IEC TR 24027,2021) 표준이 만들어져 보고서가 판매되고 있고, 위험 관리 표준과 연계하여 사용된다.

미국 국립표준기술연구소(NIST)의 인공지능 위험 관리 프레임워크에서는 신뢰할 수 있는 인공지능 시스템의 특성으로 안전, 보안 및 회복 탄력성, 설명 가능성 및 해석 가능성, 향상된 개인 정보 보호, 편향 관리 및 공정성, 책무성 및 투명성, 유효성 및 안정성 등을 제시하며 이와 관련한 감독, 매핑, 측정, 관리를 위험 관리의 핵심 기능으로 포함한다.

규제를 넘어선 인공지능 편향 관리의 중요성

인공지능 시스템의 편향성 문제는 정부의 규제와 정책의 규정만으로는 해결하기 어려운 복잡한 문제다. 예를 들어 아마존의 채용 인공지능이 여성 지원자를 차별했던 사례나 얼굴 인식 시스템이 특정 인종을 제대로 인식하지 못했던 문제들은 단순한 규제만으로는 예방하기 어려웠다. 기획자, 개발자, 사용자 등 이해관계자 모두가 참여하는 지속적이고 체계적인 관리 프로세스가 중요하다.

정부 규제만으로 인공지능 편향 문제를 효과적으로 해결하기 어려운 이유는 기술의 속도와 다양성 때문이다. 우선 현재 인공지능 기술은 전문가들조차도 따라잡기 어려울 정도로 빠른 발전 속도를 보인다. 또 각 산업과 분야별 특수성을 모두 고려하기도 힘들다. 예를 들어 의료 인공지능의 경우 환자의 인종, 성별, 연령대별 특성을 고려해야 하는데, 이는 금융 분야나 교육 분야의 인공지능과는 완전히 다른 접근이 필요하다. 규제는 그 특성과 최소한의 기준만 제시할 수 있기 때문에 형식적 준수에 그칠 수 있어, 자발적인 편향 관리를 통해 인공지능 활용 상품의 가치를 높이고 안전성을 확보하는 것이 필수적이다.

인공지능 편향의 이해관계자 및 단계별 관리

인공지능 시스템 기획 단계에서는 시스템 차원의 개발 기획과 함께 다양한 이해관계자가 참여하는 공정성 평가 체계가 도움이 된다. 예를 들어 신용 평가 인공지능 개발 시, 금융 전문가뿐만 아니라 사회학자, 인권 전문가, 소비자 단체 대표 등이 참여하여 다각도로 편향 가능성을 검토하면 자후의 이슈를 방지할 수 있다. 이를 기반으로 데이터 수집 및 선택 과정에서의 편향을 면밀히 검토하고, 명확한 편향 예방 및 대처 가이드라인을 수립할 수 있다.

개발 과정에서는 알고리즘 설계 시 편향 테스트 과정을 필수적으로 포함하고, 편향의 효율적인 탐지와 완화 기준의 적절한 선택을 위해 다양한 배경의 개발자 참여가 가능하도록 한다. 구글이나 IBM의 경우 인공지능 편향성 테스트 도구를 자체적으로 개발하여 공개하였고, 다수의 기업은 개발 시의 변수와 시스템 및 한계 등을 시스템 카드(system card)나 모델 카드를 통해 공개하고 있다. 이러한 도구나 보고서를 활용하여 개발 단계에서부터 편향성을 체계적으로 점검하고 참고할 수 있다. 배포 이후에도 모니터링할 도구가 있다면 더 효과적으로 사용자와 인공지능 상품을 지속적으로 관리 가능하다.

실제 서비스 운영 중에는 사용자 피드백을 꾸준히 수집하고 분석하여 정기적 편향성 검토 및 개선이 이루어 위험성 관리가 가능하다. 구글 포토의 경우 초기에 유색 인종을 고릴라로 잘못 인식하는 문제가 있었으나, 사용자 피드백을 통해 이를 발견하고 즉시 수정 작업에 들어갔다. 결과를 투명하게 관리하는 것이 오히려 인공지능 관련 상품이나 서비스에 대한 신뢰도를 높이는 데 도움이 된다.

이해관계자별 역할도 있다. 기획자의 경우, 기획자는 서비스 설계 단계에서부터 편향이 인공지능 시스템 배포 후 생겨날 수 있는 위험을 고려해야 한다. 다만 이 고려는 다양한 관점을 반영해야만 가능하다. 또 전체 단계를 아우르는 가이드라인이 있으면 기획과 개발 관련 모든 참여자가 참고할 수 있다. 최근 마이크로소프트뿐만 아니라 최근 한국 내 많은 기업이 인공지능 윤리 관련 문서들을 지속적으로 업데이트하고 자사의 인공지능 시스템 개발에서 편향과 다른 안전성 관련 항목들을 어떻게 관리하는지 언급하기 시작했다.

개발자의 경우, 알고리즘 공정성을 지속적으로 테스트하면서, 데이터 전처리 과정에서 발생할 수 있는 편향을 제거해야 한다. 예를 들어 언어 인공지능을 개발할 때는 특정 성별이나 인종에 대한 고정 관념이 포함된 데이터를 가능한 방법으로 완화하고, 맥락상의 반영을 위해 다양한 관점과 문화권의 언어 사용 패턴을 고려할 수 있다.

사용자로서는 시스템 사용 과정에서 발견되는 문제점에 대해 적극적 피드백을 제공해서 신속하게 해결하도록 도울 수 있다. 또 사용 및 활용 시 인공지능 시스템의 한계를 명확히 이해하는 것이 필수적이다. 해당 인공지능을 만든 기업에서 시스템 카드나 모델 카드를 통해 한계와 주의점이 공지 및 공개되었음에도 알고 있지 못한 채로 잘못 사용하거나 과도한 사용으로 인한 피해를 입었다면 해당 사항을 인지하지 못한 책임도 일부 있다고 할 수 있다. 예를 들어 챗봇 서비스를 사용할 때 편향된 응답이나 부적절한 답변을 발견하면 즉시 신고하고 피드백을 제공해서 편향성 개선에 기여할 수 있다. 또한 시스템이 제공하는 결과물을 그대로 사용하지 말고 스스로 비판적인 검토를 통해 수정한 후 활용할 수 있다. 이런 정도로도 편향성 개선에 기여할 수 있다.

인공지능 편향 문제는 단순한 규제만으로는 해결할 수 없으며, 모든 이해관계자가 참여하는 체계적인 관리 체제가 만들어지고 이를 통해 지속적 모니터링과 개선이 이루어지는 것이 이상적이다. 또한 이를 정기적으로 공개하여 사용자나 일반인들이 알 수 있는 것이 바람직하다. 이러한 과정은 단기적으로는 비용과 시간이 더 소요될 수 있지만, 장기적으로 볼 때 더 공정하고 신뢰할 수 있으면서도 비즈니스에도 도움이 되는 인공지능 시스템을 만드는 데 핵심적이다.

참고문헌

과기부(2023, 2024).『신뢰할 수 있는 인공지능 개발 안내서』. 한국정보통신기술협회.

관계부처 합동(2020). "사람이 중심이 되는 인공지능 윤리기준".

관계부처 합동(2021). "신뢰할 수 있는 인공지능 실현전략".

EU(2024). Regulation (EU) 2024/1689 of the european parliament and of the council, June 13, 2024. https://eur-lex.europa.eu/legal-content/EN/TXT/?uri=CELEX:32024R1689

IEEE(2025). IEEE P7003, https://sagroups.ieee.org/7003/
NYC (2023). Consumer and worker protection, https://rules.cityofnewyork.us/wp-content/uploads/2023/04/DCWP-NOA-for-Use-of-Automated-Employment-Decisionmaking-Tools-2.pdf

02
인공지능 편향의 원인

인공지능 편향은 인공지능 개발 과정에서 데이터의 역사적 편향이나 대표성 부족, 알고리즘 측면에서는 모델 설계나 평가에서 가중치나 특정 지표의 치우침, 그리고 개발 과정의 인력이나 관점의 다양성 부족이 원인이 된다. 또한 비의도적이지만 상황의 다양성 때문에 생겨나는 편향들이 계속 생겨난다.

AI와 MBTI?

데이터 관련 원인

인공지능 시스템은 수집된 데이터를 학습시켜 만들어지는데, 이때 데이터는 실시간의 살아 있는 데이터보다는 과거로부터 쌓여 온 데이터를 활용할 수밖에 없다. 데이터의 측면에서 편향의 원인으로는 '역사적 편향', '표본의 대표성 부족'이 있다.

인공지능의 재료인 데이터에는 자연스럽게 과거 사회의 편향이 반영될 수밖에 없고, 이 때문에 '역사적 편향'이 인공지능 편향의 기본 원인이 된다. 흑인의 사회참여 제한과 같은 역사적 차별이 데이터에 반영된 것이 한 예다. 또 의사를 묘사할 때 남성이 묘사되는 기존 인공지능의 정보 출력도 한 예가 된다. 백인과 남성 얼굴 위주로 구성된 데이터를 사용해서 학습된 안면 인식 시스템은 얼굴색이 어두운 여성의 얼굴을 평가할 때 정확도가 떨어진다(Buolamwini & Gebru, 2018). '경력'이나 '전문성'과 같은 중립적 단어 벡터조차 역사적으로 특정 인구 집단과 연관된 맥락에서 자주 사용되면 연관성이 강해진다. 구직 플랫폼 데이터에서 '리더십'이라는 단어 벡터는 남성 관련 용어와 함께 나타나는 빈도가 더 높으며 이는 성별 편향성을 강화한다.

'표본의 대표성 부족'은 특정 집단이 과소 또는 과대

대표되는 데이터 때문에 발생한다. 과거 미국의 대통령은 백인이 지배하였기 때문에 대통령에 대한 특성은 백인의 특성만 수집될 수밖에 없었으며, 흑인에 대한 특성은 데이터 수집 과정에서 선택적으로 배제될 수밖에 없었다. 이와 유사한 맥락에서, 현대 의료 인공지능의 학습 데이도 마찬가지로 소수 인종 데이터가 부족하며, 여러 인종의 데이터가 채워져야 의료 인공지능이 다양한 사람에게 적용될 때 정확도가 확보될 수 있다.

알고리즘 관련 원인

알고리즘 측면에서의 원인으로는 '모델 설계에서의 가중치 편향'과 '최적화를 목표로 한 편향'을 들 수 있다.

'모델 설계에서 가중치 편향'은 여러 특성 중에 특정한 특성에 필요 이상으로 과도하게 많은 가중치를 부여한 경우, 해당 특성과 관련된 특정 집단에 대해 편향될 수 있다. 예컨대 대출 심사 모델에서 신청자의 신용 점수에 과도한 가중치를 부여하면, 안정적인 소득이 있지만 신용 기록이 짧은 청년층이 부당하게 낮은 평가를 받을 수 있다. 또한 의도적이지는 않지만 데이터에서 의미 있는 특성을 신중하게 선택하지 않으면, 모델이 실제 문제를 정확히 반영하지 못한다. 또 컴퍼스(COMPAS)와 같은 범죄 예측 모델에 대한 논의(Dressel & Farid, 2018)에서 볼 수 있는 것처럼, 범죄가 많이 벌어졌던 특정 지역이나 인종을 가정하여 모델을 설계할 경우, 특정 집단에 불리한 결과를 초래할 가능성이 커진다.

'성능 평가에서 특정 지표에 치우치는 원인'은 인공지능 구축 과정에서 모델 성능을 평가할 때 하나의 지표를 특히 더 고려하는 경우 다른 중요한 요소가 간과되기 때문에 발생하는 편향이다. 예를 들어 광고 추천 알고리즘이 클릭률(광고가 노출된 횟수 대비 클릭된 횟수의 비율. 광고 효과를 측정하는 주요 지표로, 디지털 마케팅에서 사용된다)만을 최적화 목표로 삼을 경우, 사용자의 관심사와 무관한 자극적인 콘텐츠나 가짜 뉴스가 추천될 가능성이 높아진다. 또 우리 사회에서는 자연스럽게 받아들여지지만 인공지능 모델이 특정 집단에 불공정한 영향을 미칠 가능성이 있음을 간과하는 경우 인공지능이 편향된 결정을 내릴 수 있다. 이러한 편향의 원인을 미리 유의하려면, 단기적 성과보다는 장기적 영향, 우리 문화권만 고려하기보다는 글로벌한 관점을 가지는 것이 도움이 된다.

개발 과정 관련 원인

인공지능 개발 과정에서 편향을 야기하는 요소로는 개발과 개발 방향에 관여하는 대표, 기획자, 개발자와 관련한 '다양성 결여' 원인과 '부족한 검증 절차' 측면의 원인이 있다.

인공지능 개발 과정에서 기업의 대표, 기획자, 개발자 등을 막론하고 다양한 시각이 부족하거나 특정 문화나 배경을 가진 구성원들로만 이루어질 경우, 다양한 사용자층을 고려하지 못하게 되어 데이터 선정 및 라벨링 등에서 편향이 내재한 데이터 세트가 만들어질 수밖에 없다. 과거에 미국 중심의 개발팀이 비영어권 사용자의 언어적 특성을 충분히 반영하지 못해 글로벌 서비스에서 오류가 발생하였던 것이 대표적 사례다. 만약 소수 민족이나 장애인 기획자 및 개발자를 고용하거나 그들과의 교류 경험이 많은 이들을 고용한다면 자연스럽게 다양한 관점을 반영한 인공지능이 개발될 가능성이 높아진다.

부족한 검증은 때로 인공지능 개발이 시간과 비용에 쫓길 때 발생한다. 시간과 비용 절감을 이유로 소수의 시험과 검증만 수행하면 실제 사용 환경에서 예상하지 못한 문제가 발생할 수 있고 이 경우 다시 만들어야 하는 추가 시간과 비용의 문제가 발생한다. 예컨대 인공지능 채팅봇이 제한된 데이터 세트로만 테스트되었을 경우, 실제 서비스에서 차별적인 표현을 학습하는 문제가 발생한다. 검증은 단순히 정확도에 그치지 않고 편향성 또한 평가해야, 정확도와 관련된 다양성 또한 충분히 반영할 수 있다. 예를 들어 음성 인식 시스템이 조용한 환경에서만 테스트되었을 경우, 소음이 많은 지하철이나 거리에서 제대로 작동하지 않는 문제가 생긴다.

상황적 원인

인공지능의 생명 주기의 관점이 아닌 인공지능에 활용되는 데이터가 다루어지는 상황의 다양성 때문에 생겨나는 편향들이 있다. 삶의 현장에서의 무수한 다양성이 다음과 같은 편향을 만들어 낼 수 있으며 장차 발견될 많은 상황과 맥락에 따라 다양한 편향의 이름이 붙여질 수 있다. 또 다양한 전공 및 연구 분야에 따라 더 많은 이름의 편향들이 명명될 수 있다.

'측정 편향'은 측정 방법의 오류로 인해 발생하는 편향이다. 성능 평가 지표를 선택할 때 특정 집단에 불리한 평가 메트릭을 사용하는 경우다. 또 수집 방법 자체가 특정 집단에게 불리한 경우도 있다. 신용 평가 모델은 대출

이력, 신용 카드 사용 기록 등을 기반으로 신용 점수를 매긴다. 하지만 저소득층이나 금융 접근성이 낮은 사람들은 금융 서비스나 신용 카드를 이용한 기록이 상대적으로 적기 때문에 신용 점수가 낮게 평가될 가능성이 높다.

'평가 편향'은 애플리케이션 모델링 과정에서 모델의 성능을 평가하는 기준이 특정 집단에 유리하거나 불리하게 설정되는 경우다.

'집단 편향'은 소수 관찰자를 대상으로 한 결과를 전체 집단에 잘못 적용함으로써 나타나는 것이며 이는 잘못된 귀납에서와 같은 논리적 오류와 유사한 특성을 가진다.

이외에 의도적이지는 않지만 문화적, 개인적 문화나 관점 차이가 편향 원인이 되기도 한다. '행동적 편향'은 상이한 문화적 코드로 인한 행동의 차이와 반응의 분석 오류에서 발생하는 편향을 가리킨다. '콘텐츠 편향'은 어휘, 의미 등 콘텐츠 구조의 기본적 차이에서 발생하는 편향이다. '링크 편향'은 실제 행동을 관찰하지 않고 링크의 노드만을 분석함으로써 나타나는 것이다. '일시적 편향'은 측정 시점의 차이에 따라 나타나는 편향이다. '인기 편향'은 가짜 리뷰나 소셜봇 등의 순위 조작 같은 데이터 조작으로 인해 발생하는 것이다. '사용자 상호 작용 편향'은 사용자가 의도적으로 선택한 편향된 행동과 상호 작용으로 인해 촉발되는 것이다. '제시 편향'은 정보가 제시되는 방법에 의해 선택의 결과가 달라질 수 있는 것이다. '순위 편향'은 상위권의 정보가 상대적으로 과다하게 선택되는 것으로 온라인 마켓이나 미디어에서의 추천 시스템에서 주로 지적받는 편향이다(Mehrabi et al., 2019). 이외에도 이전에 없던 다양한 상황에 따른 편향이 생길 수 있다.

'심슨 역설'과 인공지능 편향

'심슨 역설(Simpson's paradox)'이란 각각의 변수에 신경 쓰지 않고 전체 통계 결과를 유추하면서 발생하는 것이다. 신문이나 연구 결과에서 보고되는 사항은 보통 평균 등 데이터 전체를 단위로 하는 것이다. 특정 집단에 대한 일반화가 필요하기 때문이다. 그러나 데이터 전체로부터 얻어지는 결론만 관찰하고 더 작은 단위로 하여 얻어지는 변수들을 신경 쓰지 않을 때 오류가 발생한다. 이 부분이 인공지능 편향과 유사하다.

심슨 역설의 대표 사례는 대학원 입학에서 성비 사례(Bickel et al., 1975)다. 1973년 초 UC 버클리대학교의 대학원 입학 시 지원자 수 대비 입학률을 보면, 1만2763명의 지원자가 101개 학과 및 학과 간 전공 중 하나에 지원하였는데, 지원한 4321명의 여성 중 대략 35%가 합격한 반면 지원한 8442명의 남성 중 44%가 합격했다. 상위 여섯 학과의 입학 결정에서 남성 합격률은 약 44%인 반면, 여성의 경우 약 30%에 불과해 여성에 대한 차별이 의심되었다. 그러나 이는 전체 단위에서의 평균만 고려하였기에 내려진 결론이다. 표준 통계적 유의성 검정에서는 기본 합격률에 차이가 없었고, 학과별로 나누어 살펴보면 실제로 여성의 지원자 수 대비 입학률이 더 높음을 볼 수 있었다. 표본을 어떻게 선택하는가에 따라 분석 결과가 크게 달라졌음을 알 수 있다. 심리학의 조사 방법론에서 주요 변수를 놓쳤을 때 잘못된 분석이 산출되듯, 기계 학습에 사용되는 훈련 데이터 역시 해당 도메인에 대한 지식이 충분하지 않거나 직관을 가지고 있지 않으면 데이터를 잘못 분류할 수 있다.

참고문헌

Bickel, P., et al.(1975). Sex bias in graduate admissions: Data from Berkeley(PDF). *Science,* 187 (4175): 398–404.

Buolamwini, J. & Gebru, T.(2018. 01). Gender shades: Intersectional accuracy disparities in commercial gender classification. *In conference on fairness, accountability and transparency,* pp.77–91. PMLR.

Dressel, J. & Farid, H.(2018). The accuracy, fairness, and limits of predicting recidivism. *Science advances*, 4(1), eaao5580.

Mehrabi, N., et al.(2019). A survey on bias and fairness in machine learning. arXiv preprint arXiv:1908.09635.

03
보호 속성과 인공지능 공정성

보호 속성이란 미국 차별법에서 채용이나 공공 사안에서 상대적으로 차별받지 않도록 상정된 보호받는 특성이다. 인공지능의 의사 결정 또한 보호 속성과 관련하여 특정 집단을 차별하지 않도록 규정된다. 기계 학습에서의 보호 속성이 어떻게 고려되는지를 살펴보고, 공정성의 다양한 유형인 공정, 공평, 형평, 기회 균등, 결과 균등 등의 맥락 차이를 구분한다.

AI와 난임 극복?

알고리즘 공정성의 근간: 보호 속성

'공정한 인공지능' 개념은 더 이상 인문 사회 분야의 독자적 연구 주제가 아니다. 편향적인 데이터 및 알고리즘이 정확도와 소비자에게 미치는 영향 때문에 공정한 인공지능은 이제 인공지능 분야의 한 연구 주제로 자리 잡았다. 기계 학습에서 '공정한 인공지능'은 다음과 같이 정의된다. '공정한 인공지능'이란 인공지능 모델의 최종 판단 결과가 인종, 성별과 같은 특정 보호 집단(protected class)에 종속변수(통계나 머신러닝에서 우리가 예측하거나 결정하고자 하는 결괏값)가 되지 않도록 무관하게 제시되는 기술(Foulds et al., 2020)로 정의된다.

인공지능의 출력 및 예측 결과가 사회에 미치는 영향 때문에 '알고리즘 공정성' 관련 기술(Barocas et al., 2023)이 개발되고 있다. 데이터 및 알고리즘의 편향은 인공지능 개발 과정 전체에 내재 및 분산되어 있으며, 각 단계와 관련한 편향 완화 기술들이 개발되고 있다.

인공지능 데이터나 알고리즘이 '편향되었다'는 판단은 편향되지 않은, 즉 공정한 기준을 가정한다. 공정과 불공정의 인식은 특정 집단 혹은 그 집단에 속한 개인을 차별한다는 인식에서 생겨난다. 차별하는 대상의 특성으로는 성, 나이, 인종, 국가 등 다양한데, 미국에서는 이들 특성을 법적 차별로부터 보호받는 특성으로 규정하여 '보호(대상) 속성(protected attributes)'으로 칭한다. 보호 속성의 하위 속성들은 어느 한쪽이 상대적으로 유리한 위치에 있는 사회적 우위 집단(privileged group)이 될 수 있다. 인종의 경우, 일반적으로 백인종이 우위 집단으로 여겨지며, 흑인종이 비우위 집단(unprivileged group)으로 여겨진다. 우위 집단은 고정적인 것이 아니며, 상황에 따라 달라질 수 있다.

미국의 균등고용기회위원회(Equal Employment Opportunity Commission, EEOC)에서 1978년 발표한 '5분의 4 규칙(the four-fifth rule)'은 보호 집단인 비우위 집단이 우위 집단에 대해 최소한의 비율적 균등성을 충족하도록 함으로써 공정성을 확보하고자 한 것이다.

보호 속성의 적용

미국의 차별금지법(US federal Trade Commission 2024)에서 '보호 속성'들은 1964년 민권법(Civil Rights Act)을 시작으로, 이후 추가된 연방법들과 법령을 통해 확립되었다. 현재까지 연방법에서 규정하는 주요 보호 속성은 다음과 같다.

인종, 피부색, 출신 국가, 성(성 정체성 및 성적 지향 포함), 종교, 연령, 장애, 유전 정보, 군 복무 여부, 임신 여부, 시민권.

각 보호 속성은 특정 법률을 통해 보호된다. 예를 들어, 인종, 피부색, 종교, 성별, 출신 국가는 1964년 민권법 제7편에 의해 보호되며, 연령 차별은 1968년 연령차별금지법(ADEA)에서 구체적으로 다루어진다. 장애인 보호는 1990년 미국장애인법(ADA)을 통해 규정되었으며, 유전 정보에 기반한 차별 금지는 2008년 유전정보차별금지법(GINA)을 통해 추가되었다.

보호 속성은 고용, 주거, 교육, 공공 서비스 이용 등 공적인 생활 영역에서 보호되지 않을 경우 법적 차별로 간주된다. 예컨대 고용의 경우, 채용, 승진, 임금, 해고 등에서 보호 속성에 기반한 차별이 금지된다. 공정주거법(Fair Housing Act)은 이와 유사하게 임대, 판매, 모기지 대출을 포함한 주거 거래에서의 보호 속성과 관련한 차별을 금지한다. 보호 속성 개념은 다양한 제도적 맥락에서 공정한 관행을 발전시키는 핵심 역할을 한다.

기계 학습에서 보호 속성

보호 속성은 사회에서뿐만 아니라 기계 학습에서 데이터를 분류할 때에도 중요한 고려 사항 중 하나다. 먼저,

수집된 데이터로 인공지능을 만들기 전, 보호 속성을 직접적인 입력 특성으로 사용할지, 아니면 제외할지 결정해야 한다. 예컨대 여성/남성의 구분을 데이터의 입력 특성으로 사용할 경우 결과로 나오게 될 출력이 특정 보호 집단에 불이익을 주는지를 미리 예상해 봄으로써, 기계 학습 모델이 보호 속성에 기반한 차별적 결정을 하지 않도록 미리 조치할 수 있다.

보호 속성의 고려는 기계 학습 모델이 윤리적이고 법적으로 문제가 없으며, 사회적으로 잘 수용되도록 하는 데 중요하다. 하지만 보호 속성을 해당 도메인에서 완벽하게 고려한다고 해서 공정성이 온전하게 달성되는 것은 아니다. 공정성의 달성은 복잡한 문제이며, 때로는 다양한 공정성 기준 사이에 상충 관계가 존재하며 상황에 대한 이해나 해석이 다를 수 있다.

통계적 균등성과 보호 속성

인공지능은 벡터 간 계산을 통해 정보가 처리된다. 따라서 기계 학습이나 딥러닝에서의 공정성은 계산 가능해야 한다. 계산 가능한 공정성 개념들 중 알고리즘의 공정성을 평가하는 데 가장 쉽게 생각할 수 있는 공정성 개념은 통계적 균등성(statistical parity)이다.

통계적 공정성이란 모든 집단이 동일한 비율의 결과를 가지는 상태로, 결과의 수학적 동등성에 초점을 맞추는 종류의 공정성을 의미한다. 예컨대 대출 승인에서 모든 인종 집단이 동일한 비율로 승인을 받아야 한다는 기준을 세우는 경우다. 이러한 기준은 개인의 자격이나 능력을 고려하지 않고 단순히 집단 간 비율만을 맞추기 때문에 개인의 특수 상황을 고려하기 어렵다. 이러한 이유로 통계적 공정성은 다른 의미의 불공정성, 즉 '형평성(equity)'의 관점에서는 불공정하다.

여러 유형의 공정성 중 하나인 통계적 공정성은 형평성이라는 또 다른 유형의 공정성과 양립이 불가능하다. 이 같은 양립 불가능성은 다른 유형의 공정성 간에도 마찬가지며 상황에 따라 종합적으로 고려될 필요가 있다.

공정성의 개념들

인공지능 시스템의 공정성을 평가하기 위한 기준은 인문 사회 분야에서 주로 논의되던 공정성의 다양한 개념들과도 관련된다. 공정성의 유형들은 상이한 측면을 강조하며, 이들은 상충하는 것이 일반적이다. 다음은 다양한 공정성 개념들이다. '공정(fairness)'은 기본적인 개념으로 모든 개인이나 집단에 공정한 절차와 기준을 적용하고, 차별 없이 대우하는 것을 의미한다. 대출 심사 인공지능 시스템이 성별, 인종, 출신 배경 등에 관계없이 모든 지원자에게 동일한 심사 기준을 적용하는 경우 공정성을 만족한다고 볼 수 있다.

'평등(equality)'은 모든 개인이나 집단에 동일한 기회를 제공하고, 동일한 결과를 얻을 수 있도록 보장하는 것을 의미한다. 예컨대 채용 인공지능 시스템이 모든 집단의 지원자에게 동일한 기준으로 평가하고, 동일한 합격률을 보이는 경우 평등 기준을 만족한다고 할 수 있다.

'형평성(equity)'은 사회적 불이익을 겪는 집단에 더 많은 기회를 제공하거나, 불리한 조건을 개선하여 실질적인 평등을 추구하는 것을 의미한다. 교육 인공지능 시스템이 저소득층 학생들에게 맞춤형 교육 콘텐츠를 제공하거나, 학습 격차를 해소하기 위한 추가적인 지원을 제공하는 경우가 형평성을 추구한다고 볼 수 있다. 또 한시적이나마 특정 집단에 대한 할당제나 쿼터제로 기존의 차별 벽을 낮춰 보려는 시도 또한 형평성을 추구하는 예다. 이는 '기회의 평등'과도 맞닿는 내용을 포함하고 있으며, '평등'이 구체적인 개별적 상황을 고려하지 않는 것과 대조된다.

이외에 동등하다는 것의 측면을 부각하는 공정성 개

념들도 있다. '동등한 기회(equal opportunity)'는 모든 개인에게 동등한 기회를 제공하고, 능력과 노력에 따라 결과를 얻도록 한다는 의미다. 이와 비교하여, '결과 균등(equal outcome)'은 모든 집단에 동일한 결과 및 경제적 조건을 갖도록 한다는 의미다. 결과의 평등을 보장하기 위해 사회적 환경을 조성한다는 의의가 있으며, 집단 간 불필요한 위계 구조를 해결하여 성과의 평등을 보장하는 데 필요한 조치로 활용된다.

'절차적 공정성(procedural fairness)'은 의사 결정 과정이 투명하고 모든 이해 관계자가 참여할 수 있도록 보장한다는 의미다. '분배적 공정성(distributive fairness)'은 자원이나 이익이 공정하게 분배되는 측면을 강조하는 의미다. '개인 공정성(individual fairness)'은 비슷한 특성을 가진 개인들은 비슷한 결과를 받아야 한다는 기준이며, '집단 공정성'은 보호받아야 할 집단 구성원들 사이의 공정성이다.

참고문헌

Barocas, S., et al.(2023). *Fairness and machine learning: limitations and opportunities.* MIT press.

Foulds, J. R., et al.(2020. 04). An intersectional definition of fairness. *In 2020 IEEE 36th international conference on data*

engineering (ICDE), pp.1918–1921. IEEE.
US Federal Trade Comission(2024). Protections against discrimination and other prohibited practices.

04
인공지능 공정성의 유형

인공지능 공정성의 기준들은 동등한 대우라는 인문 사회적 개념이면서 정량적 계산이 가능해야 시스템에 적용할 수 있다. 직관적 이해가 용이한 통계적 균등성 외에 더 복잡한 공정성의 맥락을 반영하기 위해 다양한 통계적 지표를 조합한 공정성 유형들, 유사성 기반 공정성 유형들, 인과적 공정성 유형들을 소개한다.

AI와 사주?

통계적 균등성

통계적 균등성(statistical parity)은 상대적으로 직관적 이해가 용이한 공정성 유형이다. 보호되어야 할 특성(예: 성별에서는 남성-여성, 인종에서는 백인종, 황인종, 흑인종, 연령에서는 각 연령대 등 각 비교 집단 간 형평성 여부를 저울질할 집단)에 관계없이 각 집단의 구성원이 긍정적 결과를 받을 확률이 동일해야 한다는 개념이다.

'parity'는 한국어로 '동등성' 혹은 '균등성'으로 번역되며, 수학에서는 같은 값이라는 의미의 '등가성'으로도 사용된다. 일상생활에서는 '동등하게 나누어야 한다'는 기초 개념으로 사용되며, 직장 내 남녀 비율이 50:50이라거나, 같은 직무라면 동일 임금을 받아야 한다는 내용이 이 개념을 잘 나타낸다. 인공지능의 결과를 만들어 낼 때의 동등성은 수치적 맥락이 포함된다.

통계적 균등성 개념은 '공정성'이라는 인문 사회적 개념을 수학적/통계적으로 정의하고 측정할 수 있게 해 주는 기초적 개념이다. 회사가 인공지능 기반 채용 시스템을 사용한다고 가정할 때 전체 지원자 중 여성이 40%, 남성이 60%라면 통계적 균등성 기준에 따르면 최종 합격자 비율도 여성 40%, 남성 60%가 되어야 한다. 또 유사한 범죄 이력을 가진 사람들이라는 조건하에 인종별로 고위험군 판정 비율이 동일해야 한다.

통계적 균등성은 매우 기본적인 공정성 기준인 것처럼 보이지만 아주 쉽게 적용될 수 있는 것은 아니다. 집단 간에 자격이나 능력의 차이가 있는 경우, 이를 무시하고 단순히 비율을 맞추는 것이 오히려 또 다른 형태의 불공정을 야기할 수 있다. 통계적 균등성의 계산을 통해 얻어지는 동등함은 결과적 균등함이며, 과정이나 그 전 단계에서의 공정함은 보장할 수 없다. 또한 실제로 같은 집단의 구성원이 모두 동일한 결과를 받기에는 어렵기에, 단일한 결과보다는 대안으로 일정 범위에 국한해서 정할 수는 있다.

공정성뿐만 아니라 이 경우 인공지능에 구현될 때 결과적으로 정확도를 낮추는 경우도 있다. A집단과 B집단은 샘플에서 애초부터 양성으로 예측될 확률이 동일하지 않을 수 있다. 그렇다면 이 차이는 두 집단에서 위양성(실제는 음성인데 양성으로 예상한 경우)과 진양성(예상과 결과가 모두 양성인 경우) 비율의 차이를 만든다. 그래서 이 경우 결과적으로 균등함을 보여 줄 뿐 공정함이라고 평가하긴 어렵다. 이러한 이유로, 통계적 균등성은 알고리즘 정확도를 오히려 낮추는 결과(Menon

& Williamson, 2018)를 가져오기도 한다. 이러한 한계 때문에 기회 평등이나 동등한 가능성 등 다른 공정성 지표들도 함께 고려해야 공정성 확보가 가능하다.

대안으로서의 다양한 통계적 지표

통계적 균등성에 대한 대안적 공정성 유형은 계산 가능한 다양한 통계적 지표들을 활용한다. 공정성 기준뿐만 아니라 기계 학습에서 편향 인지 및 완화를 위해 활용되기도 하는 통계 지표(metric)들은 베르마와 루빈(Verma & Rubin, 2018)이 제시하는 다음의 12가지 지표다.

1) 진양성(True Positive): 예상 및 결과가 모두 양성인 경우, 2) 위양성(False Positive): 실제는 음성인데 양성으로 예상한 경우, 3) 위음성(False Negative): 실제는 양성인데 음성으로 예상한 경우, 4) 진음성(True Negative): 예상 및 결과가 모두 음성인 경우, 5) 양성예측값(Positive Predictive Value): 예측된 모든 양성 사례 중 양성으로 올바로 예측된 양성 사례의 비율, 6) 위발견율(False discovery rate): 예측된 모든 양성 사례 중 양성 클래스로 잘못 예측된 음성 사례의 비율, 7) 오탈락률(False Omission Rate): 예측된 모든 음성 사례 중 음성으로 잘못 예측된 양성 사례의 비율, 8) 음성예측값

(Negative Predictive Value): 예측된 모든 음성 사례 중에서 음성 클래스에 올바로 예측된 음성 사례의 비율, 9) 진양성율(Treu Positive Rate): 모든 실제 양성 사례 중에서 양성으로 정확하게 예측된 양성 사례의 비율, 10) 위양성율(False Positive Rate): 모든 실제 음성 사례 중에서 양성으로 잘못 예측된 음성 사례의 비율, 11) 위음성율(False Negative Rate): 모든 실제 양성 사례 중 음성으로 잘못 예측된 양성 사례의 비율, 12) 진음성율(True Negative Rate): 모든 실제 음성 사례 중에서 음성으로 올바르게 예측된 음성 사례의 비율.

위의 12종류의 통계 지표를 활용 및 조합하여 만들어진 것이 비교적 최근 제시된 약 20가지의 인공지능 공정성의 유형(Verma & Williamson, 2018)이다.

인공지능 공정성의 유형들: 집단 간 예측 및 결과 기반

인공지능 시스템에 적용되는 공정성은 다양한 유형으로 정의될 수 있다.

'집단 공정성(group fairness)' 기준은 보호받아야 할 특성(일명 보호 속성)에 따른 집단들이 비슷한 결과를 받아야 한다는 의미다. 예를 들어 은행이 인공지능 기반

대출 심사 시스템을 운영한다고 할 때, 서로 다른 직종, 인종, 지역 등 집단 간 대출 승인율을 비슷하게 유지하는 경우다. 이를 실제 인공지능에 적용하려면, 집단별 신용 점수가 동일한 구간에서는 집단 간에 비슷한 비율로 대출이 승인되어야 한다. 통계적 공정성은 단순히 수치적 동등성만이 아니라 실질적 형평성을 고려하는 기준이다. 다만 다른 가치인 효율성 등과의 균형도 중요하며, 집단 측면뿐 아니라 유사한 조건을 갖춘 개인들은 유사한 대출 승인율이 보장되는 '개인 공정성' 또한 함께 고려할 필요가 있다.

'조건부 통계적 균등성(conditional statistical parity)' 기준은 관련 요인들을 통제한 후에도 보호 집단 간 결과의 비율이 동일해야 한다는 기준이다. 만약 이 기준을 적용할 경우, 입시에서 시험 점수와 내신이라는 요인들을 통제한 후에도 도시와 농촌 학생들의 합격률이 비슷해야 한다. 예를 들어 한 대학교의 도시와 농촌 학생들의 합격률 비교에서, 시험 300점대 구간에서 도시 학생들과 농촌 학생들의 합격률이 각각 60%와 40%로 결과 비율이 다른 것으로 나왔다면 조건부 통계적 균등성을 만족하지 못한다고 할 수 있다. 조건부 통계적 균등성 기준은 예컨대 정부의 방침에 따라 기업 채용에서 도시와 농촌

출신의 합격률을 유사하게 하는 상황이라고 가정할 때, 학력, 경력, 토익 점수 등이 비슷한 지원자들 중에서 성별에 따른 합격률을 유사하게 할 때 사용하는 기준이라고 할 수 있다. 또 은행 대출 심사에서는 연소득과 신용점수가 유사한 조건이라면 직업별 대출 승인율이 비슷하지 않을 경우 조건부 통계적 균등성 기준은 따르지 않는다고 볼 수 있다. 이러한 사례들은 단순히 결과의 동등성만 보는 것이 아니라 관련 요인들을 통제하며, 실질적으로 비교 가능한 조건에서의 차별 여부를 평가한다는 의미가 있다. 따라서 암묵적인 차별을 발견하고 수정하는 데 도움을 주는 기준이라고 할 수 있다.

'예측적 균등성(predictive parity)' 기준은 모든 집단에서 양성(positive) 예측의 정확도가 동일해야 한다는 개념이다. 주로 보호되는 집단과 비보호된 집단 간의 예측 정확도를 균형 있게 유지하는 것을 목표로 한다. 예측 모델이 특정 집단에 대해 편향되지 않도록 보장하기 위해 필수적이다. 예컨대 채용 인공지능에서 '양성 예측'이란 "이 지원자는 합격할 것이다"라고 예측하는 것이며, '음성 예측'이란 "이 지원자는 불합격할 것이다"라고 예측하는 것이다.

예측적 균등성 기준에 따르면, 흑인 집단에서 "합격할

것이다"라고 예측한 사람 중 실제로 합격한 비율과 백인 집단에서 "합격할 것이다"라고 예측한 사람 중 실제로 합격한 비율이 동일해야 한다. 흑인 집단에서 100명을 "합격할 것이다"라고 예측했는데, 이 중 80명이 실제로 합격했다면 긍정 예측의 정확도는 80%다. 반면 백인 집단에서 50명을 '합격할 것'이라고 예측하고 이 중 40명이 실제로 합격했다면 긍정 예측의 정확도는 80%다. 이 경우 두 집단 모두 긍정 예측의 정확도가 80%로 동일하므로 예측적 균등성을 만족한다. 전체 예측의 숫자는 다르더라도, 예측의 정확도가 같다면 예측적 균등성이 성립한다.

'위양성율 균형(false positive rate balance)' 기준은 실제 부정인 사례를 긍정으로 잘못 분류하는 비율이 모든 집단에서 동일해야 함을 의미한다. '위음성율 균형(false negative rate balance)' 기준은 실제 긍정인 사례를 부정으로 잘못 분류하는 비율이 모든 집단에서 동일해야 함을 뜻한다. 두 기준은 모두 오분류율(잘못 분류하는 비율)에 속한다. 위양성율 균형 기준이 준수되지 않아 문제가 된 대표적 사례는 재범 예측 인공지능의 한 종류로 잘 알려진 컴퍼스(COMPAS)가 보인 오분류 사례다. 2016년 프로퍼블리카(ProPublica) 조사에서 드러난

인종 간 오분류율 분석에 따르면, 흑인 피고인의 위양성율(45%)이 백인 피고인(24%)보다 현저히 높았다. 이는 흑인 피고인들이 부당하게 높은 재범 위험군으로 분류되는 결과로 이어졌다고 비판받았다. 위음성율 균형 기준이 지켜지지 않는 가상적 사례를 생각해 보면, 피부암을 진단하는 의료 인공지능에서 피부색에 따른 정확도 차이가 발생할 경우다. 어두운 피부색 환자들의 종양 진단에서 피부색과 종양의 색깔 차이가 크게 나지 않으므로 위음성율이 높게 나타날 수 있다.

'동등한 가능성(equal odds)' 기준은 성별이나 인종과 같은 특정 보호 속성과 관계없이, 모델 예측이 분류의 실제 값과 조건부 독립성을 유지해야 한다는 공정성 기준이다. '조건부 독립성'이란 특정 조건이 주어졌을 때 두 변수 간 관계가 더 이상 존재하지 않는 경우다. 예측된 결과가 보호 속성과 관계없이 실제 값에만 의존하게 함으로써 공정성을 보장하는 방식이다. 이를 위한 조건으로서, 진양성 비율(TPR)이 각 집단 간 일치하고, 위양성 비율(FPR) 또한 각 집단 간 일치할 것을 요구한다(Hardt et al., 2016; Tang & Zhang, 2022). 예를 들어 채용 과정에서 남성과 여성 지원자에 대해 동일 비율로 적격 지원자를 선별한다면, 인공지능 모델의 TPR과 FPR이 각각의 성별 집단 간에 동일해야 한다. 그렇지 않은 예를 들면, 같은 역량을 가진 남성과 여성 지원자가 있을 때, 모델이 어느 한쪽 성별의 지원자를 더 높게 평가하게 되면 차별적인 예측이 된다. 동등한 가능성 기준을 따를 경우, 동일한 역량만 고려하게 될 뿐, 보호 집단 여부는 고려되지 않는다. 통계적 균등성 기준은 단순히 예측 결과의 비율만 동일해야 하는 반면, 동등한 가능성 기준은 실제 결과를 고려한 조건부 확률의 동등성 요구라는 점에서 차이가 있다.

'동등한 기회(equal opportunity)' 기준은 실제 긍정인 사례에 대해 모든 집단이 동일한 진양성율(true positive rate)을 가져야 함을 의미한다. 기회의 평등 기준은 특히 자원이나 기회가 제한적일 때 이를 잘 배분하기 위한 공정성 기준으로 활용될 수 있다. 인공지능 채용 매칭 시스템을 활용하는 한 유명한 구인구직 사이트에서는 여성보다 남성을 추천하는 비율이 높아진 것을 발견했다(Wall & Schellmann, 2021). 또 이력서에 성별이 명시되지 않은 경우에도 행동을 분석해서 여성 구직자들에게 상대적으로 낮은 급여의 직무를 추천한다는 것을 발견하고 알고리즘을 수정했다.

어떤 알고리즘을 사용했는지는 공개하지 않았지만,

여성과 남성 각각의 진양성율을 동등하게 함으로써 기회의 동등성 기준을 적용할 수 있다. 먼저, 남성, 여성 각각의 진양성율을 계산해서 남성과 여성 구직자가 각각 추천받는 비율을 분석한 후, 특정 성별이 과소 대표되거나 과대 대표되는지 확인한다. 다음으로, 남성, 여성이 동일한 기회를 가질 수 있도록 데이터를 증강하는 등의 기본 조치를 취하고, 모델을 기계가 학습할 때 성별 간 진양성율을 균등하게 유지하는 제약 조건을 추가할 수 있다. 만약 남성, 여성 간 진양성율이 동일해질 수 없는 상황이라면 그 차이가 목표 임곗값 이하로 줄어들도록 최소화할 수 있다. 다음 단계로는 각 성별에 대해 다른 예측 임곗값을 적용하여 진양성율의 균형을 조정할 수 있다. 그 이후에도 집단별 추천 정확도와 진양성율을 지속적으로 모니터링하여 기회의 평등 기준을 적용 가능하다.

'전체 정확도 동등성(overall accuracy equality)' 기준은 모든 집단에 걸쳐 정확하게 분류된 사례의 비율이 예측의 전체 정확도가 동일해야 한다는 기준이다. 집단별로 '진양성TP + 진음성TN' / '진양성TP + 진음성TN + 위양성FP + 위음성FN'을 계산한 값이 유사하게 나와야 한다는 기준이며, 위양성이든 위음성이든 상이한 유형의 오류율을 구분하지 않기 때문에 상대적으로 더 이해하기 쉬울 수 있지만, 다른 한편으로는 이 점이 단점이 된다. 예컨대 정상 거래를 사기로 잘못 판단(위양성 사례)하는 것은 고객 불편과 일시적 거래 중단이라는 상대적으로 작은 불편이 발생하는 반면, 실제 사기를 놓치는 것(위음성 사례)은 큰 금전적 손실이기 때문에 두 유형을 구분하는 것이 중요한 상황이 있는데, 이런 경우 전체 정확도 동등성 기준을 적용하는 것이 적절하지 않다. 따라서 적절한 적용 상황은 거짓 양성과 거짓 음성의 비율이 비슷하거나 집단별로 비율이 비슷할 때다.

보정된 형평성(calibration) 기준은 예측된 확률값이 보호받는 집단과 보호받지 않는 집단 모두에 실제 결과의 확률값과 일치해야 함을 의미한다. 예컨대 어떤 직업을 가진 사람이든 대출 가능 점수가 60점으로 예측되었다면 실제 대출을 받을 확률도 유사해야 한다.

인공지능 공정성의 유형들: 개인 간 유사성 기반

'무지를 통한 공정성(fairness through unawareness)' 기준은 보호받아야 할 특성을 입력값에서 제외하는 방식으로 공정성을 확보한다. 예컨대 날씨 예측에는 성별,

인종, 종교, 나이 등 보호 속성을 고려할 필요가 전혀 없다. 또 개인 신용 평가 점수를 계산하는 모형을 만들 때 학력을 차별적 변수, 즉 보호 속성으로 고려하여 모형의 입력 변수로 활용하지 않는 경우다. 그런데 표면상으로는 보호 속성을 고려할 필요가 없거나 영향이 없어 보이는 인공지능 시스템에서 간접 편향 및 대리 편향이 발생할 가능성이 있으므로 무지를 통한 공정성 확보만으로는 공정성을 확보하기에 불충분할 수 있으며 다양한 측면을 검토할 필요가 있다.

'자각을 통한 공정성(fairness through awareness)' 기준은 보호 속성을 명시적으로 고려하여 공정성을 확보하는 접근이다. 유사한 특성을 가진 개인에게는 유사한 인공지능 예측이 내려져야 한다는 개인적 공정성의 기본 원칙에 기반하고 있는데, 관련된 특성들의 유사성을 명시적으로 정의하는 데 중점을 두고 있다. 이를 위해서 개인들 간 유사성을 측정하기 위한 거리 메트릭(distance metric)을 정의한다. 이 지표는 해당 인공지능의 의사 결정 과정에서 실제로 중요한 특성들을 고려하여 설계하고, 이렇게 정의된 유사성에 비례하여 인공지능 시스템의 결정도 유사해야 한다는 제약을 둔다. 예를 들어 대출 심사 시스템에서는 소득, 신용 점수, 부채 비율 등의 특성들을 기반으로 거리 지표를 정의할 수 있고, 이 지푯값에서 유사한 두 신청자는 대출 승인 확률도 유사하도록 하는 것이다. 자각을 통한 공정성 기준은 공정성의 명시적 설계가 가능하다는 장점이 있는 반면, 적절한 거리 지표를 정의하는 것이 실제로 어려울 수 있다. 예컨대 대출 심사에서 소득과 부채 비율은 독립적이지 않아서 단일하게 평가되기 어렵다. 높은 소득을 가진 사람의 경우 약간 높은 부채 비율도 감당할 수 있지만, 낮은 소득을 가진 사람에게는 같은 부채 비율이 더 큰 위험이 될 수 있다. 이러한 상호 작용을 거리 메트릭에 적절히 반영하여 다양한 다수에게 적용하는 것은 매우 복잡하다.

인공지능 공정성의 유형들: 인과성 기반

인과성 기반 공정성은 비교적 최근에 대두한 기준으로, 공정성 문제를 적절히 해결하려면 인과성을 사용해야 한다는 생각이 반영되었다. 인과성 기반 공정성 기준의 차별성은 데이터의 특성에 전적으로 기반하지 않는다는 점에 있다(Pearl & Mackenzie, 2018). 대신 인과 추론 관계 분석을 위해 속성들 간의 원인-결과를 인과 그래프로 그려서 관계를 파악한다. 인과 그래프에서 특정 경로를 허용하거나 금지함으로써 관계를 파악한다.

'반사실적 공정성(counterfactual fairness)' 기준은 보호 속성이 달랐더라면 어떤 결과가 나왔을지 고려하는 공정성이다. 즉 보호 속성이 인공지능 예측에 인과적 영향을 주지 않는다면 반사실적 공정성 기준이 확보된다(Garg et al., 2019). 기업 채용 인공지능 시스템이 있다고 가정할 때, 한 지원자의 데이터가 다음과 같다고 하자. 국적: A, 학부 성적: 3.6/4.0, 연구 실적: 논문 2편, 영어 성적: 토익 950, 연구 경험: 2년의 학부 연구실 경험, 추천서: 매우 우수. 이 경우 지원자의 국적을 다른 국가로 바꾸어도 동일한 합격 확률이 나온다면 이 기업 채용 인공지능 시스템은 '국적'이라는 보호 속성과 관련하여 반사실적 공정성을 확보했다고 할 수 있다. 그런데 만약 국적에 따라 다른 합격 확률이 나왔다면, 과거 데이터에 존재하는 국적별 편향이 인공지능 시스템의 의사 결정에 영향을 미쳤음을 보여 준다.

'미(未)해소된 차별 부재(no unresolved discrimination)' 기준은 정당화될 수 없는 차별이 없어야 한다는 원칙이다(Kilbertus et al., 2017). '대리 차별 부재(no proxy discrimination)' 기준은 보호 속성과 강한 상관관계가 있는 대리 변수를 통한 차별을 야기하는 부분이 없다는 것을 의미하며 이는 별도로 다루었다. 다양한 통계적 공정성의 기준들은 실제 적용 과정에서 서로 상충할 수 있으며, 각각의 상황과 맥락에 따라 적절한 기준을 선택하고 적용하는 것이 중요하다.

참고문헌

Garg, S., et al.(2019.1). Counterfactual fairness in text classification through robustness. *In proceedings of the 2019 AAAI/ACM conference on AI, ethics, and society,* pp.219–226.

Hardt, M., et al.(2016). Equality of opportunity in supervised learning. *Advances in neural information processing systems* 29

Kilbertus, N, et al.(2017). Avoiding discrimination through causal reasoning. *In advances in neural information processing systems,* pp.656–666.

Menon, A. & Williamson, R.(2018). The cost of fairness in binary classification. I*n conference on fairness, accountability and transparency,* 107–118.

Pearl, J. & Mackenzie, D.(2018). *The book of why: the new science of cause and effect.* Basic books.

Tang, Z. & Zhang, K.(2022.6). Attainability and optimality: The equalized odds fairness revisited. *In conference on causal learning and reasoning,* pp.754–786. PMLR.

Verma, S. & Rubin, J.(2018.5). Fairness definitions explained. *In 2018 ieee/acm international workshop on software fairness (fairware),* pp.1–7. IEEE.

Wall, S. & Schellmann, H.(2021). LinkedIn's job-matching AI

was biased. The company's solution? More AI., *MIT Technology review,*
https://www.technologyreview.com/2021/06/23/1026825/linkedin-AI-bias-ziprecruiter-monster-artificial-intelligence/

05
공정성 기준들 간 상충

공정성의 다양한 정의는 동시에 충족되기 어려우며 상충하는 경우가 많다. 한 유형의 공정성이 충족되면 다른 종류의 공정성이 충족되지 못하는 사례들을 소개한다. 인공지능 기획 및 편향 완화 시 특정 유형의 공정성을 선택하는 기준은 안전성이다. 시스템의 목표, 상황 및 활용 맥락, 이해관계자, 활용에서의 위험 등을 검토해야 한다.

AI와 아이돌?

공정성 기준들 간 상충의 의미

인공지능 공정성 기준들이 상충한다는 것은 개념적, 계산적 측면에서 의미를 가진다. 먼저 개념 차원에서는 공정성 기준의 내용 관점에서 서로 반대 혹은 모순된다는 것이다. 인공지능 설계 시 공정성을 실현하려고 할 때 한 기준의 성능을 높일 때 다른 기준의 성능이 필연적으로 낮아지는 관계가 발생한다는 의미다. 즉 두 기준을 동시에 만족시키는 것은 수학적으로도 불가능하다.

공정성 기준이 상충하는 것은 인공지능 개발이나 편향의 완화 과정에서 어떤 공정성 기준을 사용할 것인지를 선택해야 할 때 해결해야 할 과제가 된다. 모든 공정성 기준을 만족시키는 것이 현실적으로 불가능하다면, 특정 인공지능 시스템의 목표와 활용 맥락에 맞는 공정성 기준을 선택하게 된다. 채용 인공지능 시스템은 기업에 따라 다르게 설계된다. 다양한 배경의 지원자들에게 기회를 주는 것이 중요한 기업이 있을 수도 있고, 반대로 배경과 상관없이 특정한 역량이 중요한 경우도 있으므로 각기 다른 유형의 공정성 기준을 반영한 서로 다른 시스템을 설계할 수 있다. 따라서 각 기업에서는 원하는 인재상에 맞추어 채용 인공지능을 기획하되, 편향 방지와 같은 인공지능 기본법 또한 준수하는 데, 시스템 활용의 맥락에 따라 논의를 거쳐, 적용할 공정성 기준을 선택할 수 있다.

적용할 공정성 기준을 선택할 때, 완벽한 공정성을 염두에 두는 대신 수용 가능한 수준의 공정성을 목표로 하고, 최소한 해당 시스템의 활용 맥락에서 편향이 발생하여 정확도에도 문제가 되지 않도록 하는 것을 현실적 목표로 할 수 있다. 시스템 관련 이해관계자들과의 논의를 통해 상황에 맞는 공정성 기준의 우선순위를 설정하고, 인공지능의 배포 후에도 평가를 통해 필요한 경우 공정성 기준들의 균형을 조정할 수 있다.

편향성 때문에 인공지능 시스템의 정확도 또한 낮아지는 경우가 있지만, 편향성은 있어도 정확도는 높은 경우도 있다. 이 경우는 편향성과 정확도 간의 적절한 균형점을 찾을 필요가 있다.

이처럼 공정성 기준들의 상충 관계는 단순한 기술적 문제가 아니라, 사회적 가치와 우선순위에 대한 판단이 필요한 문제다.

공정성 개념들 간 상충

다양한 공정성 기준들을 조화롭게 특정 상황에 적용하면 좋겠지만, 대부분의 공정성 기준은 상호 양립이 불가능하다. 다음은 상충되는 공정성 기준들의 예다.

'개인 공정성'과 '집단 공정성'은 상충될 수 있다(Binns, 2020). 집단 공정성을 개선하기 위해 특정 집단 내 일부 개인에게 더 유리한 결정을 내린다면, 이는 개인 공정성을 해칠 수 있다. 두 지역의 사람들 간 임금을 유사하게 배분하는 것은 집단 공정성을 확보할 수 있지만 이는 거꾸로 업무 성과가 비슷한 두 사람의 임금이 유사해야 한다는 개인 공정성과 상충한다.

'평등' 기준과 '형평성' 기준은 상충될 수 있다. 모든 학생에게 동일한 교육 자료를 제공하는 것은 '평등'을 추구하는 것이며 그 자체로 공정하다고 할 수 있다. 하지만 개인의 선행 학습 상태나 환경의 격차에 따른 차이를 보완할 필요가 있는 경우가 있다. 이 경우 학습 능력이 낮거나 도움을 필요로 하는 학생들에게는 추가적 지원을 통해 '형평성'을 추구할 수 있다.

'결과 균등' 기준은 '동등한 기회' 기준과 상충할 수 있다. 순수하게 '동등한 기회' 원칙을 적용하면 구조적 불평등이 결과에 그대로 반영된다. 예컨대 한 대학교가 동등한 기회의 원칙에 따라 모든 지원자를 내신과 시험 점수만으로 평가한다고 할 때, 부유한 지역의 학생들은 더 좋은 교육 환경, 과외, 학습 자료에 접근할 수 있기 때문에 저소득 지역 학생들은 동일한 잠재력을 가졌더라도 자원 부족으로 인해 낮은 점수를 받을 수 있다. 동등한 기회 기준으로 인공지능을 구축하여 그 의사 결정을 사회 정책 등에 적용할 경우 세대 간 불평등을 고착화하는 결과를 낳게 된다.

반대로 '동등한 기회'의 이러한 단점을 보강하기 위해 대학교가 소득 계층 간 입학 비율의 균형을 맞추는 '결과 균등' 기준을 적용하여 저소득층 학생에게 가산점을 준다면, 이는 더 높은 점수를 받은 학생이 불이익을 받게 되어 '동등한 기회' 원칙과 충돌한다. 개인의 노력과 성과에 따른 공정한 경쟁 기회가 제한될 수 있다.

'결과 균등' 기준의 적용은 단기적으로 사회적 형평성을 개선할 수 있는 반면, 성과 기반의 경쟁을 약화해 동기 부여나 교육의 질에 영향을 미칠 수 있다. 두 공정성 기준을 동시에 적용하기는 어려우며, 실제 대학 현장에서는 '동등한 기회'와 '결과 균등' 사이의 균형을 찾기 위해 종합적 평가와 할당제, 지원 프로그램 등을 운영하는 방식을 채택한다.

'공정성' 기준과 '효율성' 기준 또한 상충될 수 있다. 채용 인공지능 시스템이 모든 지원자를 공정하게 평가하는 것은 중요하지만, 해당 조직에 필요한 부분의 효율성을 높이기 위해 경력과 같은 특정 기준을 중심으로 평가하는 것이 적절할 수 있다.

다양한 공정성 기준들은 개념적으로는 상호 보완적이면서도 상충하는 관계를 가질 수 있다. 인공지능 시스템의 개발에는 특정 맥락에서 어떤 기준이 가장 중요한지를 판단해야 하는데, 맥락을 다면적으로 이해하는 다양한 이해관계자들과의 논의가 필요하다.

통계적 균등성과 예측적 균등성

가장 대표적인 상충 사례는 '통계적 균등성'과 '예측적 균등성' 간 상충이다. 통계적 균등성은 보호받아야 할 집단(성별, 인종 등) 간에 동일한 비율로 긍정적인 결과를 내려는 것이다. 예컨대 대출 승인에서 남성과 여성의 승인율이 같도록 설계한다. 그런데 예측적 균등성은 단순히 승인율이 아니라 대출 상환 능력에 대한 예측이 모든 집단에서 같은 정확도를 가지도록 하는 것이다. 하지만 현실에서 서로 다른 집단이 실제로 다른 특성을 가질 수 있으므로, 두 기준을 동시에 만족시키는 것은 수학적으로 불가능할 수 있다.

위양성율과 위음성율

위양성율과 위음성율은 상충하는 통계 지표다. 양자 모두 잘못 분류하는 오류에 속하기에, 두 오류를 모두 최소화하는 것이 인공지능 편향 완화나 공정성 확보에 도움이 된다고 생각할 수 있다. 하지만 거짓 양성 오류와 거짓 음성 오류는 한쪽 오류를 감소시키려고 하면 다른 쪽 오류가 증가하는 상충 관계에 있다는 것이 난점이다.

검사의 민감도를 높이는 경우 거짓 음성은 줄어들지만 거짓 양성이 증가할 수 있다. 반대로 특이도 검사를 높이면 거짓 양성은 줄어들지만 거짓 음성이 증가할 수 있다. 실제 사례에서는 양자 중 어느 쪽 비용이 더 큰지를 고려하여 선택을 할 수밖에 없다. 예컨대 암 진단이나 보안처럼 생명이나 안전을 다루는 분야에서는 거짓 양성보다는 거짓 음성을 최소화하는 것을 우선하여 인공지능 모델을 만드는 것이 바람직하다. 예컨대 종양이 암인지를 탐지하는 인공지능의 경우, 실제 암(양성)인데 정상(음성)이라고 진단하는 경우—즉 거짓 음성 사례—에 대한 비용이 실제는 정상(음성)인데 암으로 진단하는(양성) 경우의 비용보다 더 크다. 그러므로 암 탐지 인공지능의 경우 거짓 음성율을 최소화하는 데 더 중점을 두도록 설계할 수 있다.

예측성 등등성과 오분류율 균형

'예측적 균등성'과 '위양성율 균형' 혹은 '위음성율 균형' 간 상충은 서로 다른 기저 비율을 가진 집단들 사이에서 두 기준이 동시에 만족될 수 없기 때문에 발생한다. 예측 동등성 기준은 서로 다른 집단에 대해 양성이라고 예측한 결과의 정확도(precision)가 비슷해야 한다는 내용이다. 예컨대 대출 심사 인공지능은 남성과 여성 모두에 대해 '대출 승인' 예측의 정확도가 비슷해야 한다. 위양성율 균형 기준은 다른 집단에 대해 위양성율(실제는 음성인데 양성으로 잘못 예측한 비율)이 비슷해야 한다는 개념이다. 예를 들어 범죄 재범 예측 인공지능에서 여러 인종 집단에 대해 '재범하지 않을 사람을 재범할 것이라고 잘못 예측하는 비율'이 비슷해야 한다.

그런데 두 공정성 기준이 상충되는 경우는 두 집단 간에 기저 비율이 다를 때다. 예컨대 대출 상환을 예측하는 인공지능이 있다고 할 때, 집단 A의 실제 상환율이 80%, 집단 B의 실제 상환율은 40%라고 가정해 보자. 이 상황에서, 예측 동등성을 만족시키려면 두 집단 모두의 실제 상환 비율이 같아야 한다. 또 위양성율 균형을 만족시키려면 두 집단 모두에서 '상환하지 않을 사람을 상환할 것이라고 잘못 예측하는 비율'이 같아야 한다. 하지만 기저 비율이 매우 다른 상황에서는, 한 지표를 개선하면 다른 지표가 악화된다. 이런 상황에서는 문제의 맥락과 중요도를 고려하여 어떤 공정성 지표를 우선시할지 결정한다.

그 외 상충하는 인공지능 공정성 기준들

'무지를 통한 공정성'과 '자각을 통한 공정성'은 보호 속성을 무시할지 적극적으로 고려할지에 대한 상반된 내용을 담고 있어서 상충된다.

인과 그래프에 기반한 공정성 기준들과 '대리 차별 금지' 사이의 상충은 직접적 차별이 제거되더라도 대리 속성에 의해 대리 차별, 즉 간접 차별은 생겨날 수 있기에 발생한다.

'반사실적 공정성'과 '예측적 균등성'도 상충하는데, 이는 반사실적 상황을 고려하면 예측의 동등성이 깨질 수 있기 때문이다. 현실적 제약으로 인한 상충도 존재한다.

이러한 상충 관계들은 실제 인공지능 시스템 설계에서 중요한 고려 사항이 된다. 결국 상황과 목적에 따라 적절한 공정성 기준을 선택하고 그에 따라 충족되지 못하는 기준이 있음을 받아들여야 한다.

공정성 기준들의 양립 사례

인공지능 공정성 기준 중 상충하지 않고 조화롭게 결합될 수 있는 사례들도 있다.

'인구 통계적 균등'과 '개인 공정성'은 조화 가능하다. 채용 인공지능 시스템에서 전체적으로 성별 간 채용 비율의 균형을 맞추면서(인구 통계적 균등), 동시에 비슷한 자격을 가진 개인들에게 비슷한 기회를 제공할 수 있다(개인 공정성). 능력 중심의 평가를 유지하면서도 성별 다양성을 확보할 수 있다. 다만 이러한 기준들 간 조화가 모든 조건에서 다 가능한 것은 아니다.

충분한 수의 지원자가 각 능력 항목에 존재해야 성별 다양성을 확보할 수 있으므로, 기본적으로 특정 능력의 자격을 갖춘 인원이 한쪽 성별에 부족하다면 다양성과 개인의 능력을 동시에 고려하기는 어렵다. 양적으로 보호 집단의 크기가 비보호 집단의 크기보다 현격하게 적으면 개인 공정성을 확보하기 어려워진다. '기회 평등'과 '예측 동등성'도 함께 달성 가능하다. 신용 평가 시스템에서 각 집단의 실제 신용 우량 고객들이 동일한 비율로 높은 신용 점수를 받게 하면서(equal opportunity), 동시에 높은 신용 점수를 받은 사람들의 실제 상환율이 모든 집단에서 비슷하게 나타나도록(predictive parity) 설계할 수 있다.

'자각을 통한 공정성'과 '반사실적 공정성'도 상호 보완적일 수 있다. 유사한 개인은 유사하게 대우받아야 한다는 원칙을 지키는 것은 보호 속성을 바꾸었을 때도 결과가 달라지지 않는다는 반사실적 공정성과 상충되지 않는다.

참고문헌

Binns, R.(2020.1). On the apparent conflict between individual and group fairness. *In proceedings of the 2020 conference on fairness, accountability, and transparency,* pp. 514–524.

06
인공지능 구성 단계에서의 편향

인공지능 편향은 단일 지점이 아닌 개발의 전체 생명 주기에 걸쳐 발생한다. 데이터 수집 단계, 전처리 과정, 모델 설계 단계에서도 새로운 편향이 더해진다. 학습 과정에서는 알고리즘의 특성에 따른 편향이 발생하며, 모델 평가와 배포 단계에서도 성능 지표 선정이나 실제 사용 환경에 따른 편향이 나타난다. 구성 단계마다 고유한 형태로 존재하는 편향은 서로 연결되어 있다.

AI와 야구?

데이터 준비 과정에서의 편향

데이터 준비 과정은 데이터 수집부터 최종 학습 데이터 세트 구축까지 일련의 과정이다. 데이터 수집 이후 단계는 다시 데이터 청소(cleaning), 데이터 편집, 데이터 라벨링 등으로 나뉘며 이 단계 각각에 편향이 개입될 수 있다.

먼저 데이터 수집 단계에서는 표본을 선정할 때 편향이 발생할 수 있다. 특정 집단이나 상황이 과대 또는 과소 대표될 수 있다. 특정 지역이나 인구 집단에서만 데이터를 수집하거나, 접근이 용이한 데이터에만 의존하는 경우가 이에 해당한다.

데이터 청소 단계에서는 결측치나 이상치 처리 과정에서 편향이 발생할 수 있다. 주관적 판단에 따라 특정 데이터를 제외하거나, 자동화된 청소 알고리즘을 사용할 때 특정 패턴의 데이터를 일괄적으로 제거하게 되면 의도치 않은 편향이 생길 수 있다. 따라서 자동 알고리즘을 사용하더라도 인간이 수동적으로 검수를 해야 한다.

데이터 편집 과정에서는 특성(feature) 선택이나 변환 과정에서 편향이 개입될 수 있다. 연구자가 중요하다고 판단하는 특성을 선택할 때 특정 관점이나 가치 판단이 반영되며, 모델의 학습 방향에 직접적 영향을 미친다.

또한 범주형 변수, 즉 텍스트나 카테고리 형태의 데이터를 인코딩하거나 키, 몸무게와 같은 연속형 변수를 일정한 범위로 변환하는 정규화 방식을 선택할 때 여러 가지 방식이 가능한데, 그중 한 방식을 선택하는 데 특정 집단에 불리한 편향이 발생할 수 있다.

인공지능 구축 절차의 첫 단계인 데이터 수집과 선정은 전체 단계 중 편향과 관련하여 가장 큰 영향을 준다. 이 과정은 인공지능 개발 과정의 80%를 차지한다고 할 정도로 큰 비중을 차지하며 사람이 대부분 개입하므로 사람의 편향이 그대로 전이 및 반영된다. 따라서 차후 단계들에서 편향을 조정하는 것보다는 기계 학습의 원재료를 다루는 단계에서 조정하는 것이 편향 완화의 효과가 더 높을 수 있다.

기계 학습을 통해 완성된 구글 포토 서비스의 경우 데이터 준비 단계에서의 편향을 잘 보여 준다. 구글 포토 서비스는 사람들의 얼굴을 자동 인식해 이름이나 분류를 붙이는 기능이 있다. 2015년 구글 포토 서비스를 이용하는 흑인 프로그래머 앨신이 흑인 여성 친구와 함께 찍은 사진을 인터넷에 올리면서 사건이 발생했다. 공개된 사진에는 앨신의 여성 친구 얼굴 아래에 사람 이름이 아닌 '고릴라'라는 이름이 달렸다. 트위터를 통해 퍼져

논란이 되자 구글은 '프로그램 오류'라고 사과했고 프로그램 개선을 약속했다. 그러나 당시 구글은 근본적 개선보다는 고릴라로 태그하는 부분만 수정했다고 알려졌다.

이 사건은 프로그램 오류 때문이 아닌 데이터 편향에서 발생했다. 기계 학습이 가능하려면 먼저 훈련 데이터가 있어야 한다. 기계 학습의 훈련 데이터로 인터넷의 사람 얼굴 이미지를 사용 가능하다. 구글 검색 사이트에서 'Americans' 혹은 '미국인'을 입력해서 이미지 결과를 보면 대다수가 백인 이미지다. 구글 포토 서비스를 만들 때 의도적으로 백인 얼굴 위주의 기계 학습을 한 것은 아니지만 우리가 가진 사람 얼굴 데이터의 대다수가 백인이므로 흑인 얼굴에 대한 패턴 인식의 정확도가 잘 달성되기 어렵다. 데이터 분석에서 흔히 거론되는 'garbage in, garbage out'의 경우다. 이미지 데이터들을 수집하고 그 중 학습시킬 이미지들을 분류할 때 흑인의 얼굴 이미지 수가 절대적으로 부족하다면 충분한 수의 얼굴 이미지를 추가하여 기계가 이미지를 충분히 학습하고 패턴을 잘 인식하도록 조정하는 작업이 필요하다. 구글의 고릴라 태그 사건과 유사한 사례로 니콘 카메라 얼굴 인식 시스템이 아시아인 피사체에 대해 '눈을 감았다'고 인식한 사례가 있다.

이러한 사례는 인간이나 생명체의 이미지뿐만 아니라 물체 이미지에서도 나타난다. 54개국에서 가구와 같은 가정용품을 인식하는 이미지 인식 시스템을 비교 평가(Vries et al., 2019)한 결과, 저소득 국가의 가정용품 이미지의 정확도가 낮게 나타났고 국가 간 정확도에 큰 차이를 보였다. 물품 이미지의 정확도 차이는 특정 국가의 물품을 주로 훈련 데이터로 사용한 결과로 편향이 나타난 것이다. 이 경우 다양한 국가의 물품 데이터를 보충할 수 있다.

그러나 주어진 시간과 재원은 한정되어 있기에 다양성과 데이터의 양을 무조건 늘리는 것은 현실적이지는 않다. 따라서 샘플의 '대표성' 또한 중요하다. 의도된 인종 차별은 아니지만 인공지능이 학습하는 데이터는 그 양에서 특정 집단, 특정 속성에 치중될 가능성이 높다. 이 편향은 인공지능이어서 가지게 되는 편향이라기보다는 인간 사회가 이미 가지고 있는 데이터의 불균형이 반영된 결과다. 데이터를 수집하고 기술 구축 및 구현을 담당하는 팀에 다양성이 부족할수록 부정적인 결과의 가능성이 커진다. 예를 들어 특정 집단과 관련한 데이터가 의도치 않게 배제되면, 데이터가 모델 학습에 사용되는 방식 때문에 궁극적으로 데이터 품질에 영향을 주게 된다.

이미지 및 영상 데이터뿐만 아니라 언어 데이터에서도 유사한 결과가 나타난다. 언어 데이터의 경우 보통 기존에 사람들이 사용해 왔던 글들을 가공한 말뭉치를 통해 기계 학습하여 인공지능을 만든다. 인공지능을 만들기 위해 활용하는 기존의 글이나 책에서 남성과 여성을 나타내는 대명사, 명사, 형용사의 비율에서 남성 쪽 단어의 비율이 현저히 높게 나타났으며, 직업 유형이 언급되는 글에서도 남성이나 여성에 연결되는 비율이 현저한 차이가 있었다(Prates et al., 2020). 온라인 번역에서는 예컨대 "그는 의사다, 그녀는 간호사다"처럼 중립적 대명사가 특정 젠더로 번역되는 경향이 나타났다(Barocas et al., 2017).

주지할 점은 데이터 종류에서의 불균형이 항상 부정적 의미의 편향을 함의하는 것은 아니라는 것이다. 특정 목적이나 특정 집단만을 대상으로 하는 '맞춤형' 인공지능의 경우 목적에 따라 특정 종류의 데이터를 더 많이 수집 및 활용하는 것이 필요할 수 있다.

데이터 라벨링 과정에서의 편향

라벨링(labelling)은 이미지, 영상, 텍스트 등 수집한 원데이터를 인공지능이 학습할 수 있도록 목적에 맞게 분류하여 주석을 다는 작업이다. 데이터 라벨링 단계에서는 작업자의 주관적 해석과 문화적 배경이 편향의 원인이 될 수 있다. 특히 감정 분류나 이미지 태깅과 같은 작업에서는 라벨러의 개인적 경험과 가치관이 데이터에 직접적으로 반영된다. 또한 라벨링 가이드라인 자체에 특정 관점이나 편견이 내재되어 있을 경우, 이는 전체 데이터 세트에 체계적인 편향을 초래할 수 있다. 또 인공지능 기획자나 라벨러 교육자가 부적절한 도메인 지식을 가질 때, 그리고 기계 학습 시 사용될 라벨된 데이터들에서 라벨 종류 간의 양이 비대칭적일 때도 편향이 발생할 수 있다.

특히 텍스트는 글의 내용이나 인공지능 활용 목적에 따라서는 고난도의 개념 이해가 필요하며, 특정 분야에 대한 지식, 즉 도메인 지식이 요구된다. 예를 들어 20~30대 연령층에서만 사용하는 신조어가 포함된 글을 기계가 이해 가능하도록 라벨링해야 한다. 이 경우 신조어의 의미 파악이 어려우면 적절한 라벨링이 이루어질 수 없고 기계가 정확한 맥락 인식을 할 수 없다. 동음이의어나 맥락에 따라 동일한 표현도 다르게 해석이 되기 때문에 특정 텍스트의 맥락 파악이 중요하며 그렇지 않으면 라벨러와 기획자의 주관적 관점에 따라 작업이 되기 때문에 최종 인공지능의 출력에서 편향이 발생한다.

도메인 지식이 편향에 미치는 영향을 가장 극명하게 보여 주는 영역은 의료다. 의료 사진에 나타난 종양이 폐암인지 식별하는 인공지능을 구축하기 위해서는 폐암인 사진과 아닌 사진을 학습시켜야 한다. 그런데 폐암과 아닌 사진을 구분할 수 있는 것은 의학 훈련을 받지 않은 일반인은 할 수 없는 일이다. 도메인 지식의 중요성은 인공지능이 단순한 기계가 아니라 인문, 사회 등 거의 모든 영역의 명시적, 암묵적 지식이 필수적이라는 점을 보여 준다. 편향이 인공지능 시스템 구성의 여러 절차에 내재하는 만큼, 이에 개입하는 인간 또한 인공지능 시스템의 구성 요소에 속한다.

모델링 단계에서의 편향

인공지능 구축에 필요한 기계 학습을 위해서는 라벨이 붙은 데이터(labelled dataset)가 필요할 뿐만 아니라 예측 정확도 및 성능을 높이기 위해 변수를 튜닝하는 작업을 진행하게 된다. 모델링 단계에서의 편향은 인공지능이 예측하고자 하는 목표와 무관하거나 관련성이 적은 변수가 포함되어 있을 때, 중요도가 상대적으로 낮은 변수에 높은 가중치가 주어진 때, 데이터 세트에 인종, 성별, 나이 등에서 불균형한 데이터가 있는 때 발생할 수 있다. 또 인종, 성별 등의 보호 속성들이 특정 속성과 통계적 종속성을 가지는 경우 편향이 생긴다.

변수 및 가중치 설정에 편향이 있는 것으로 밝혀졌던 사례로는 미국의 재범 예측 인공지능 컴퍼스(COMPAS)가 있다. 이 시스템은 현재 미국 법원에서 판결의 근거 자료로서는 아니지만 참고 자료로 사용되고 있다. 컴퍼스는 위스콘신주에 거주하는 에릭 루미스가 '재범율'이 높다고 판단했고, 이를 참고하여 법원에서는 루미스가 2013년 총격 사건에 사용된 차량을 운전한 것에 대해 징역 6년을 선고했다. 에릭 루미스는 인공지능 컴퍼스가 내린 높은 재범율의 판단 기준을 문의했으나 답변이 없었고 회사도 어떤 요소에 어떤 배점이 내려지는지에 대해 공개하지 않았다.

기계 학습 연구자들이 모형 추출과 비교 접근법을 사용하여 범죄 위험도를 컴퍼스와 유사하게 흉내 내어 검사해 본 결과, 컴퍼스는 범죄 이력이 있는 이들 중 백인이나 부자보다는 흑인이나 빈민촌 거주자들의 재범율을 더 높게 판정한다고 조사되었다(Tan et al., 2017). 또 모방 모델을 만들어 비교 분석한 결과, 컴퍼스는 피고인의 나이, 성별, 이전 유죄 판결 건수, 이전 교도소 체류 기간처럼 직접적으로 범죄와 관련된 개인 정보뿐만 아니라, 범죄와 직접적으로 관련이 없는 성격, 가족, 대인 관계, 라이프 스타일에 대한 정보 또한 사용했다(Skeem & Lowenkamp, 2016)는 점이 밝혀졌다.

나이나 성별 그리고 이전 유죄 판결 건수는 이미 일부 인종에 편중되어 있기에 사실을 반영하는 데이터라고 할 수 있지만 이 데이터를 사용하여 인공지능을 구축할 때 컴퓨터는 자동으로 특정 인종에 편향되게 판단할 가능성이 높다. 또한 범죄와 직접 관련이 없는 요소인 성격이나 가족 등의 요인에 가중치를 어떤 비율로 할당했는지에 따라 재범률이 잘못 계산될 수 있다.

이 같은 사례는 평가 시스템에서도 나타난다. 최근 국내 회사들에서 도입하고 있는 영상 면접 인공지능 구축의 기계 학습을 위해 수집하는 데이터는 그 회사에서 성공적인 실적을 올린 이사급 직원들의 데이터다. 이사급 직원들의 연령은 50~60대로, 면접 후보군인 20대의 특성을 반영하지 못한다. 미국에서 교사 평가를 하는 데 활용했던 교육부가치평가시스템(EVAAS) 프로그램은 그 기준과 가중치를 공개하지 않았고 시민권 침해 우려로 결국 소프트웨어 사용이 중단되었다(Sample, 2017).

비의도적이지만 특정 집단이나 사람에 편향되는 결과를 낳을 수 있는 사례는 검색 순위다. 알고리즘 설계에서 결과를 나열할 때 가장 일반적으로 사용하는 기준은 가나다 순서, 알파벳 순서로, 이 방식으로 순서를 나열하는 것이 편의상 많이 사용된다. 이 기준을 따르면 호텔 검색 사이트에서는 'ㄱ'으로 시작하는 호텔들이 소비자에게 우선 노출될 수밖에 없다. 이는 불가피하거나 광고 효과의 경우 피할 수 없는 편향이지만 광고가 아닌 경우 순서를 번갈아 가며 보이는 방식의 완화 방안이 필요하다.

평가 단계에서의 편향

모델 평가 단계에서의 편향은 성능 지표의 선택 자체가 특정 관점을 반영하기 때문에 발생한다. 예를 들어 정확도만을 핵심 지표로 선정하거나 중점을 두면 소수 집단에 대한 예측 오류는 전체 정확도에 미미한 영향을 미치기 때문에 간과될 수 있다. 실제로 전체 정확도가 95%여도 특정 인구 집단에 대해서는 60% 정도의 낮은 정확도를 보일 수 있다. 이 경우 소수 집단에 대한 편향은 증폭될 수 있다.

배포 이후 단계에서의 편향

실제 사용 환경에서는 테스트 환경과는 다른 조건들을 가지게 되는 경우가 많다. 예컨대 의료 진단 인공지능이 특정 병원의 고해상도 의료 장비로 촬영된 이미지로만 학습되었을 경우, 저해상도 장비를 사용하는 지역 병원에서는 성능이 현저히 저하될 수밖에 없다. 이는 '지역 편향'으로 나타난다. 또, 특정 인종이나 연령대의 데이터로 검증된 모델이 다른 집단에 적용될 때 예상치 못한 편향이 드러날 수 있다. 이는 테스트 환경과 실제 환경 간의 차이에서 발생하는 편향이다. 이러한 편향이 발견되었을 때 사용자는 기업에 피드백을 제시하여 수정하도록 요구할 수 있고, 기업은 지속적인 품질 관리의 차원에서 편향을 수정할 수 있다.

참고문헌

Barocas, S., et al.(2017). Fairness in machine learning. *Nips tutorial*, 1.

Prates, M. O., et al.(2020). Assessing gender bias in machine translation: a case study with google translate. *Neural computing and applications*, 32(10), 6363-6381.

Sample, I.(2017.11.5). Computer says no: why making AI's fair, accountable and transparent is crucial. *The Guardian*, https://www.theguardian.com/science/2017/nov/05/comp

uter-says-no-why-making-AIs-fair-accountable-and-transparent-is-crucial

Skeem, J. L. & Lowenkamp, C. T.(2016). Risk, race, and recidivism: Predictive bias and disparate impact. *Criminology*, 54(4), 680-712.

Tan, S., et al.(2017). Detecting bias in black-box models using transparent model distillation. arXiv preprint arXiv:1710.06169.

Vries, T., et al.(2019). Does object recognition work for everyone?. Proceedings of the IEEE/CVF Conference on Computer Vision and Pattern Recognition Workshops, 52-59.

07
편향 제거가 아닌 완화

인공지능, 특히 언어 모델에서 편향을 완전히 제거할 수 없는 이유는 데이터의 특성과 알고리즘의 작동 방식 때문이다. 워드 임베딩 과정에서 발생하는 대리 속성과 대리 차별 메커니즘은 비의도적 편향을 야기하며 편향 완화 기술의 근본적 한계를 암시한다.

AI와 윤동주?

언어 모델과 벡터 공간의 구조

인공지능 편향은 왜 완전히 제거할 수 없고 완화만 가능한지를 언어 모델의 사례를 통해 잘 이해할 수 있다. 언어 모델은 단어를 벡터로 변환하여 처리한다. 벡터들은 단어 간의 의미적 관계를 수치로 표현한다. 예를 들어 '여성'과 '간호사'는 높은 연관성을 가지지만, '여성'과 '의사'는 상대적으로 낮은 연관성을 가질 수 있다. 이러한 벡터 간의 상관성은 모델이 특정 단어를 예측할 때 영향을 미치며, 결과적으로 성별이나 인종에 대한 편향을 강화할 수 있다.

이러한 벡터 간 상관성은 분포 가설(distributional hypothesis)에 기반한다. 즉 '비슷한 문맥에서 등장하는 단어들은 비슷한 의미를 가진다'는 원리에 따라 형성된다. 워드 임베딩 모델은 여러 가지(Word2Vec, GloVe, FastText 등)이며 대규모 텍스트 코퍼스에서 단어들의 공기(co-occurrence) 패턴을 학습하여 각 단어를 보통 100~300차원의 실수 벡터로 표현한다.

벡터 공간에서 단어들 간의 관계는 코사인 유사도나 유클리드 거리 같은 측정법으로 정량화된다. 예를 들어 'king-man + woman = queen'과 같은 유명한 유추 관계가 이러한 벡터 연산으로 가능해진다. 이는 벡터 공간이 단어 의미의 구성적(compositional) 특성을 포착할 수 있음을 보여 준다.

이러한 벡터 표현은 훈련 데이터에 내재된 사회적, 문화적 편향을 그대로 반영하게 된다. 역사적으로 특정 직업이나 역할이 특정 성별과 더 자주 연관되었다면, 그 패턴은 벡터 공간에 인코딩된다. 예를 들어 '의사-남성+여성=간호사' 같은 연산 결과가 나타날 수 있으며, 이는 성별 고정 관념을 강화한다 .

이러한 편향은 단순히 통계적 현상이 아니라 사회적 불평등을 강화하는 메커니즘으로 작용할 수 있다. 인공지능 시스템이 이러한 편향된 벡터를 기반으로 의사 결정을 내릴 경우, 특정 성별에 대한 직업 추천이나 채용 과정에서 차별적 결과를 초래할 수 있다. 또 기계 번역이나 텍스트 생성 시스템에서도 성별 고정 관념을 재생산할 위험이 있다.

벡터 공간의 특성에 따른 편향 출현

워드 임베딩 모델에서의 벡터 공간은 벡터 간 관계성을 통해서 편향이 전이된다. 벡터 공간에서 '의사' 개념 벡터와 관련된 '남성' 개념 벡터와의 거리 차이는 '여성' 개념과의 벡터 간 거리 차이보다 더 가깝다. 실제로 과거에는 의사의 대부분이 남성이었기에 의사에 대한 언급은 대부분 남성의 특성을 함께 내포하는 경우가 많고 이는 당시 대중 매체의 시청각 및 텍스트 데이터에 그대로 보존된다. 이 데이터는 직업 및 성별 편향을 반영하며, 벡터 간 유사도 계산을 통해 인공지능의 의사 결정 과정에 영향을 미친다.

이러한 위험을 해결하기 위한 방법은 단어 임베딩에서 특정 단어 쌍 간의 편향적 연관성을 제거하는 방법(Bolukbasi et al., 2016)이다. 탈편향(debiasing) 방법으로 불리는 이 방법은 he-she, man-woman처럼, 성별과 관련된 단어 쌍들을 '의사'나 '간호사'와 같은 벡터 중심점으로부터 동일한 거리에 위치하도록 조정하는 것이다. 동일한 거리이므로 벡터 간 유사도가 동일하게 계산되어 남녀에 따른 직업 편향이 나타나지 않게 하는 방법이다. 이 방법은 직관적이고 명시적으로 편향을 제거할 수 있다. 그러나 맥락에 따라 어떤 단어가 중립적이어야 하는지 인간이 검토 및 결정해야 하고, 여러 종류의 편향이 복합적으로 존재하면 단순히 거리를 같게 하는 것만으로는 다른 편향에 또 다른 영향을 미치기에 활용이 제한적이다.

편향 완화만 가능한 이유

대리 속성과 편향의 재생산

여성-남성, 연령대, 소득 차이, 인종 차이 등 보호 속성 벡터와 높은 상관관계를 가진 벡터들 사이의 거리를 조정함으로써 편향을 조절하려는 방법 외에 더 간단한 방법은 그 연결을 제거하는 것이다. 명시적으로 연결이 제거된다면 편향을 '제거'한 것이라고 일견 생각할 수 있다.

그러나 해당 벡터들은 다른 벡터들과도 연결되어 있다. 예컨대 '여성'과 '간호사' 벡터들 간의 연결을 삭제한다고 가정하면, '간호사'는 '여성'과의 높은 상관관계가 삭제되었으리라고 추정한다. 하지만 실제로는 '간호사'와 '여성' 벡터와 각기 높은 상관관계를 가지고 연결되어 있는 또 다른 속성들, 예컨대 '주민 번호', '쇼핑 목록' 등이 있을 수 있다. 이러한 속성 벡터들은 그 자체로는 중립적이며 보호 속성과 관련이 없어 보인다. 그러나 '여성' 벡터가 '간호사' 벡터와 높은 상관관계를 가지고 있기 때문에 여성-간호사 연결이 끊기거나 약화된다고 하더라도 기존의 여성 편향의 속성을 '대리적으로' 나타내게 된다. 이러한 특성 때문에 이들을 대리 속성(proxy attributes) 및 대리 변수(proxy variables)라고 부른다.

대리 변수들은 모델에서 명시적인 보호 속성을 제거하더라도 여전히 보호 속성과 관련된 편향을 간접적으로 반영할 수 있다. 예를 들어 우편 번호는 특정 지역의 인종 구성과 강한 상관관계를 가질 수 있으며, 학력이나 직업은 사회 경제적 배경과 연관되어 있을 수 있다. 결과적으로 해당 벡터들의 데이터로 만들어진 인공지능의 의사 결정이 성별, 인종 등과 관련한 차별을 간접적으로 일으켰을 경우 이를 '대리 차별(proxy discrimination)'이라고 부른다(Prince & Schwarcz, 2019).

컴퓨터 비전 시스템의 경우 피사체의 옷차림과 배경 장식 등이 결합되어 사회 경제적 지위를 추론하는 대리 속성으로 작동할 수 있다. 이 경우 보호 속성과 높은 상관관계를 가진 변수들이 직접적이거나 명시적 방식이 아니라 간접적 방식으로 차별을 일으켰기 때문에 '간접 차별'의 일종이기도 하다.

대리 차별 문제를 해결하려면 단순히 보호 속성 관련 벡터를 제거하는 것만으로는 불충분하다. 또 명시적인 차별적 연결 관계를 삭제하는 방식은 일부 유용한 의미적 관계까지도 데이터로부터 삭제할 수 있어서 애초에 의도한 인공지능의 목표나 맥락이 삭제된 데이터가 될 수 있다는 근본적인 단점이 있다. 따라서 편향의 완전 제거는 불가능하며 완화만 가능하다.

대리 속성들 간 조합을 통한 편향 누적

편향의 완전한 제거가 현실적으로 불가능하며 완화만 가능한 또 다른 이유는 대리 속성들 간 조합이 편향을 지속화하기 때문이다. 대리 차별을 일으키는 대리 속성이 개별 편향 요소로 작동하는 것을 넘어서, 대리 속성들 간 조합은 더 큰 영향을 미친다. 예컨대 주택 담보 대출 모델에서 '연소득'과 '신용 카드 한도'가 결합될 경우, 이 두 변수는 인종이나 거주지 정보를 추론할 수 있는 대리 속성이 된다. 만약 차별금지법에 의거한 인종 차별 금지 규정이 있고 이를 따라 명시적으로 인종이 언급된 벡터를 삭제한다고 해도, 관련한 대리 속성 벡터들과의 연관 관계를 통해서 차별 금지 규정을 우회하는 의사 결정이 내려질 수 있다. 즉 대리 속성을 통한 대리 차별이 발생할 확률은 매우 높으며 이는 암묵적으로 처리되기에 명시적인 제거나 인지가 어렵다. 이러한 대리 속성들의 숫자가 많아질수록 편향 완화 기술을 사용하여 편향을 보정하는 것의 한계가 많아진다.

데이터의 역사적 편향

언어 모델은 대량의 텍스트 데이터를 재료로 삼아 컴퓨터가 잘 인식하고 계산할 수 있도록 가공하고 학습하여 만들어진다. 만들어진 데이터 세트와 이를 기반으로 학습된 모델은 텍스트에 포함된 과거 내용들을 반영하고 있으며 과거의 사실들은 역사적 편향을 반영할 수밖에 없다. 예를 들어 특정 직업에 대한 성별 고정 관념이 포함된 데이터로 학습한 모델은 '간호사'라는 단어와 '여성'을 연결 짓는 경향이 있다. 이로 인해 모델은 '간호사'라는 단어가 포함된 문맥에서 '여성'을 더 자주 연상하게 된다.

블랙박스

대부분의 인공지능은 신경망(neural network)을 기반으로 만들어진다. 신경망의 '블랙박스' 특성은 편향을 제거하는 데 어려움을 제공하는 이유 중 하나다. 수백만 또는 수십억 개의 매개 변수 간의 복잡한 상호 작용이 어떤 과정을 거쳐 출력을 만들어 내는지 알 수 없다는 블랙박스 현상은 특정한 명시적, 비명시적인 편향을 분리하고 그것을 제거하기 어렵게 만든다. 대규모 매개 변수들은 학습 데이터에 없었던 새로운 형태의 예기치 못한 편향을 만들어 낼 수 있다.

최선의 편향 완화 전략

인공지능 편향의 제거가 기술적, 사회적으로 불가능하다면 편향 완화가 차선책이다. 그러나 편향 완화 또한 준비하고 고려해야 할 사항들이 있다.

대리 차별을 인공지능 생명 주기의 나중 단계에서 해소하려고 하는 것보다는 초기 단계에서 최대한 방지하는 것이 효율적이다. 이를 위해서 데이터 수집 단계부터 고려해야 할 점들이 있다. 편향은 기본적으로 데이터의 양적 불균형에서 나오므로 다양하고 대표적인 훈련 데이터를 선별하고 준비하는 데 주의를 기울일 필요가 있다. 또 학습 데이터로 주로 활용하는 과거 데이터에만 편향이 있는 것이 아니며 현대의 데이터나 생성 인공지능에 입력되는 정보에도 편향이 개입될 수 있으므로 이에 따라 출력 또한 영향을 받을 수 있다.

성능 평가의 측면에서는 다음과 같은 상충 요인들을 균형 있게 고려하면 도움이 된다.

첫째, 편향을 감소시키는 경우 오히려 인공지능의 정확도가 좋아지는 경우도 있지만, 인공지능 모델의 성능과 편향 감소는 비대칭적일 수 있어서 균형이 중요하다.

'정확도-공정성 트레이드오프 (accuracy-fairness trade-off)'라고 불리는 현상(Gu et al., 2022)이다. 한 예로, 편향을 줄이기 위해 특정 성별과 관련한 단어를 마스킹하거나 중립화하는 방법을 사용할 수 있다. 그런데 이 경우 가려진 부분 때문에 모델이 중요한 문맥 정보를 놓치게 되어 전반적인 언어 이해 성능이 저하될 수 있다. 보호 속성의 사용이 필수적인 도메인과 그렇지 않은 도메인, 그리고 맥락을 잘 검토해야 한다.

둘째, 편향 검사를 철저하게 하는 것은 좋지만 컴퓨터의 계산 자원을 과도하게 소모하는 경우 효율성이 떨어질 수 있다.

셋째, 편향 탐지 및 완화 관련 기술이 많이 개발되고 있어 자동화가 가능할 수 있지만 인간의 개입이 편향 완화의 기준을 정하는 데 중요하다. 기술과 인간 간 균형이 필요하다. 복잡한 사회적 맥락과 윤리적 판단을 기반으로 여러 유형의 공정성 기준 중 해당 모델이 어떤 기준과 관련되는지를 정해야 어떤 편향인지 제대로 탐지가 된다. 그리고 인간이 여러 완화 기술 중 어떤 것을 사용할지 정해야 하는데 이는 편향이 완화된 인공지능의 최종 출력과 그 사회적 결과에 책임을 져야 하는 중요한 일이다.

넷째, 편향 측정 방법의 다양성과 이해관계자 참여 정도의 균형도 고려해야 한다. 서로 다른 편향 측정 지표들이 상충할 때 여러 관점에서 평가해야 인공지능의 사회적 활용에서 영향의 부작용을 미리 막을 수 있다. 다양한 배경과 관점을 가진 이해관계자들의 참여를 통해 포괄적인 편향 완화 전략을 수립해야 한다. 또한 단기적 해결책과 장기적 시스템 변화 간의 균형도 필요하다. 즉각적인 편향 완화 조치와 함께 데이터 수집, 모델 설계, 평가 프로세스 전반에 걸친 장기적인 구조적 변화를 추구해야 한다. 마지막으로 투명성과 지적 재산권 보호 사이의 균형이 중요하다. 편향 완화를 위한 방법론과 결과를 공개하면서도 기업의 지적 재산과 경쟁력을 보호할 수 있는 적절한 수준의 투명성을 유지해야 한다.

인공지능 모델에서 편향을 제거하는 것이 불가능하다는 것은 나쁜 뉴스라기보다는 하나의 '사실'이다. 우리 인간과 사회에서 편향을 제거할 수 없고 맥락에 따라 긍정적 부정적 영향이 모두 있기에 인간 사회의 특징으로 받아들이는 것이 현실적이다. 인간의 삶과 사회가 이상적인 사회처럼 될 수 없지만 법과 도덕으로 제한하며 살듯이, 인간이 만들어 낸 데이터에서 만들어진 인공지능의 편향 완화 방법을 발전시켜 나갈 수 있다.

참고문헌

Bolukbasi, T., et al.(2016). Man is to computer programmer as woman is to homemaker? debiasing word embeddings. *Advances in neural information processing systems*, 29.

Gu, X., et al.(2022). Privacy, accuracy, and model fairness trade-offs in federated learning. *Computers & security*, 122, 102907.

Prince, A. E. & Schwarcz, D.(2019). Proxy discrimination in the age of artificial intelligence and big data. *Iowa l. rev.*, 105, 1257.

08
인공지능 편향 완화 기술

인공지능 편향 완화는 구축 과정의 단계마다 수행할 수 있다. 데이터를 준비하는 전처리 단계, 준비된 데이터를 활용해 목표에 부합하는 모델을 만들고 학습하는 처리 단계, 인공지능의 예측 및 분석 완료 후 출력 결과를 정제 및 변환하고 활용 가능한 형태로 변환하는 사후 처리 단계에서 각기 가능한 편향 완화 방법을 소개한다.

AI와 한의학?

편향 완화의 작업 단계

편향은 인공지능 구성 단계마다 출현할 수 있다. 인공지능 개발 생명 주기는 크게 네 단계다. 계획 및 설계, 데이터 수집 및 처리, 개발, 적용 및 모니터링. 그리고 인공지능을 본격적으로 개발하는 단계는 전처리(pre-processing), 처리(in-processing), 사후 처리(post-processing) 단계로 나뉜다. 각 단계는 여러 작업으로 다시 나뉘는데 이러한 작업 단계마다 편향 완화가 가능하다.

기술이 적용되는 단계들은 기계 학습 전 전처리, 처리, 사후 처리 단계다. 전처리 단계에서는 임베딩 구조와 반사실적 공정성을 이용하기, 처리 단계에서는 분류자의 편향을 완화하거나 적대적 방법을 사용하기, 사후 처리 단계에서는 결과의 임곗값을 공정성 기준에 맞추어 조정하는 방법이 있다.

전처리 단계에서의 편향 완화

인공지능을 만들 때 전처리 단계란 데이터를 모델에 입력하기 전 데이터를 컴퓨터가 잘 처리할 수 있도록 정제하고 준비하는 과정이다. 이 과정은 다시 다음의 더 상세한 작업들로 이루어진다. 데이터 수집, 데이터 정제(결측지, 이상치, 중복 데이터, 노이즈 제거), 데이터 변환

(정규화, 표준화, 로그 변환, 특성 스케일링), 특성 공학(특성 추출 및 선택, 차원 축소), 데이터 인코딩(변수 변환, 임베딩), 데이터 분할, 불균형 데이터 처리, 불용어 제거 및 토큰화.

전처리 단계에서 기초적인 편향 완화 방법은 데이터의 양을 조절하는 방법이다. 편향의 원인이 데이터의 양적 불균형에 있을 때 양적 균형을 맞출 수 있다. 상술한 전처리 작업 중 불균형 데이터 처리가 양적 완화에 속한다고 할 수 있다. 즉 소수 집단의 샘플을 증가시키거나 다수 집단의 샘플을 감소시키는 작업이다. 이미 전처리 작업에 속해 있다고 볼 수 있으나, 보호 속성과 관련한 데이터 양 조절의 경우 인공지능 배포 및 활용에서의 사회적 영향까지 미리 예상해야 하기에 전처리 단계에서 편향 완화 시 별도로 고려해야 할 사항이다.

임베딩 구조에서 조정하는 방법과 반사실적 인과를 활용한 조정 방법도 소개한다. 임베딩 구조에서의 편향 조정 방법은 데이터의 적절한 맥락 파악과 관련된다. 관련 개념들을 전체 맥락 속에서 적절하게 이해하기 위해 자연 언어를 디지털로 처리할 때 워드 임베딩 방법을 활용하여 벡터로 표현한다. 워드 임베딩 안에서 처리되는 텍스트 데이터에 편향이 내재한다면, 추후 기계 학습으로 데이터를 훈련시켜 함수를 파악하는 절차에서 그 편향이 증폭된다. 워드 임베딩의 분산 표현의 특성 때문에 데이터 안에 편향이 내재할 경우 관련 단어들이 벡터 구조 안에서 가까운 거리로 표현된다. 벡터 구조 안에 내재한 편향을 완화하려면 이 구조의 특성을 활용해야 한다. 임베딩 구조에서 중립적 단어에 해당하는 벡터가 특정 단어에 편향적인 거리를 갖지 않도록 동등화(equalize)하는 방법이다. 예컨대 '비서'라는 중립적 단어를 '여성'과 '남성'이라는 보호 속성 관련 단어 모두에 동일한 거리를 가지게끔 조정하는 것이다(Bolukbasi et al., 2016).

모델이 만들어지기 전 기계 학습을 위해 수집된 데이터의 양에서 특정 속성이 상대적으로 많은 비중을 차지할 수 있다. 예컨대 면접에 사용될 인공지능을 구성할 때 학습 데이터는 사회에서 높은 성과를 올리는 50대 남성의 특성들이 현실적으로 대다수이기에 데이터도 해당 데이터의 양이 더 많이 확보될 수밖에 없다. 이 경우 연령과 성별 편향이 발생할 수 있다. 이 문제를 해소하기 위해 젊은 성과자와 여성 성과자의 데이터를 증강하는 방식으로 데이터의 보호 속성 간 비율을 맞추어 보려고 할 수 있다. 그러나 젊은 성과자의 데이터는 실제로 구하기가 어렵기 때문에 편향의 양적 조정이 용이하지 않다.

대안으로 임베딩 구조 안에서 '우수 후보자'로부터 '남성'과 '여성' 혹은 '50대'와 '20～30대' 관련 벡터들 간의 기하학적 거리를 동등하게 위치시키는 방식으로 거리를 조정할 수 있다.

이 방법은 유용하긴 하지만 양적 데이터의 균형 조절이 선행되지 않을 경우 한계가 있다. 만들어진 데이터 세트를 모델로 만들어 기계 학습을 하는 경우, 학습의 차원에서는 데이터의 수가 절대적으로 많은 50대 남성들의 특성들이 기계 학습에 더 잘 학습될 수밖에 없다. 특정 집단의 데이터가 부족하면 결과적으로 기계 학습에서 주요하게 파악하는 분류의 정확도가 낮아지고 최종적으로는 의도하지 않더라도 불가피하게 간접 차별이 나타날 수밖에 없다.

또 다른 부작용은 특정 목적의 시스템에서는 중요할 수 있는 구분까지 제거할 수 있다는 점이다. 특정 목적의 시스템에서는 '아버지'의 의미가 가지지 않는 의미를 '어머니' 표현이 가질 수 있으며 이러한 특정 맥락에 의해 데이터 세트와 모델은 특유한 의미를 가지게 된다. 그런데 그러한 맥락을 반영하는 임베딩 구조 안에서의 거리를 임의로 조정하면 원래의 맥락이 보존되기 어렵다.

반사실적 텍스트 및 영상 데이터를 이용한 편향 완화

방법은 보호 속성이 가상 상황에서 바뀌더라도 시스템의 의사 결정은 동일하도록 조정하여 편향이 작동되지 않도록 하는 것이다(Chiappa, 2019). '반사실적(counterfactual) 상황'이란 현재의 사실적 상황을 'X → Y'(X라면 Y)로 기술했을 때 이와 반대되는 상황을 가정하는 것이다. 예컨대 "우리나라 대통령은 남자다"라는 텍스트를 가정했을 때, 반사실적 텍스트는 "우리나라 대통령은 여자다"이다. 보호 속성과 관련하여 소수자에 대한 데이터는 보통 양적인 측면에서 크게 부족한 경우가 많다.

데이터를 보충할 필요가 있을 때 반사실적 텍스트를 기존의 데이터 세트에 추가하는 방법을 선택할 수 있다. 예컨대 "영수는 아름다운 런던에 산다"라는 텍스트와 관련하여 "영수는 서울 시내에 산다", "영수는 공동묘지 근처에 산다" 등 무수한 반사실 텍스트를 만들어 낼 수 있는데 이렇게 다양한 반사실적 텍스트 샘플이 만들어지고 나면, 영수가 어느 지역에 살든 지역에 따른 차별된 내용이 생성되지 않도록 조정될 수 있다. 수많은 반사실적 텍스트들을 만들어 훈련 데이터로 사용하는 방식으로 해당 텍스트들의 모델이 편향을 만들어 내지 않도록 조정할 수 있다. 반사실적 인과를 활용한 편향 완화 방법의 난점은 동일한 예측값을 가지도록 하는 반사실 상황을 산출하는 것이 바람직한 맥락과 그렇지 않은 맥락을 분명하게 구분해야만 정확히 이 방법을 활용 가능하다는 점이다(Garg et al., 2019). 현재는 이러한 난점을 해결하여 편향 완화와 모델의 강건성을 동시에 확보할 수 있는 방법들이 연구되고 있다.

처리 단계에서의 편향 완화

처리 단계는 전처리 단계에서 준비된 데이터를 활용해 목표에 부합하는 모델을 만들고 학습하는 과정이다. 이 단계에서 수행하는 작업은 다음과 같다. 모델 아키텍처 설계 및 선택(문제에 적합한 모델 구조 결정, 모델의 깊이, 계층 수, 뉴런 수 등 설계, 활성화 함수, 풀링 레이어, 드롭아웃 등 세부 구성 요소 선택), 학습 알고리즘 선택 및 구현(최적화 알고리즘 선택, 손실 함수 정의, 학습률 및 배치 크기 결정), 정규화 및 일반화(가중치 정규화, 드롭아웃, 배치 정규화 등), 하이퍼파라미터 튜닝 및 평가, 모델 학습.

이 중 모델링 단계의 편향 완화를 위해 많이 알려진 방법은 적대적 학습의 방법을 사용하여 편향을 제거하는 것이다. 적대적 학습 방법은 '적대적 공격(adversarial attack)', 즉 시스템이 싫어할 만한 데이터를 만들어 내는 방법인데, 인위적으로 교란된 입력 데이터를 만들어 내어 그에 강인해지도록 학습해서 인공지능 모델의 성능을 높이는 방법이다. 사람이 인지할 수 없을 정도의 작은 교란(perturbation) 샘플을 만들어 내어 인공지능의 판단을 흐리게 만들고 그를 극복하는 과정을 통해 기계 학습에서의 분류 성능을 높이고 모델을 최적화한다.

예컨대 보호 속성의 소수자 집단에 해당하는 흑인종이나 연장자 연령의 집단과 관련한 편향이 학습 데이터에 있다고 가정하면 이를 토대로 기계 학습을 하게 되면 이 편향을 그대로 반영할 수밖에 없다. 적대적 학습 방법을 사용하면, 보호 속성 집단에 대한 변수, 예측 변수, 적대적 공격자 모두를 동시에 학습하는데, 이때 적대적 공격자는 보호 속성, 예컨대 흑인 집단의 주민 번호뿐만 아니라 대체 특성인 우편 번호까지도 모델링하려고 시도하게 된다. 그리고 이러한 적대적 공격자의 시도 능력을 최소화하는 프레임워크가 적용된다(Zhang et al., 2018). 이 방법은 다양한 유형의 공정성에 적용할 수 있다고 평가받고 있다.

또 다른 방법은 구글이 발표한 프레임워크로 기존 공정성 지표의 난점을 극복하면서 시스템의 안정성 또한 확보하는 방법이다. 공정성 유형 중 '동등한 기회(equality of opportunity)' 기준은 기계 학습에 사용되는 데이터를 범주별로 분류할 때 해당 데이터에 속하지 않은 집단에 대한 편향이 자연스럽게 만들어지는 것을 방지하고자 하는 기준이다. 그 방법은 기회 균등 지표를 사용하여 상이한 집단 간의 잘못 표상된 양성율의 차이를 최소화한다. 단점은 기록되지 않은 어떤 정보가 있으면 정보 조정 자체가 어려워서 데이터 세트에서 집단 간 균형을 이루기가 어렵다는 점이다.

구글은 이러한 난점을 해결해서 시스템의 강건성도 강화하면서 편향 완화도 개선하는 '민디프(MinDiff)'라는 프레임워크를 발표(https://ai.googleblog.com/2020/11/mitigating-unfair-bias-in-ml-models.html)했다. 이 방법은 유해하다고 간주한 텍스트를 식별 · 제거하는 새로운 학습 방식으로 데이터 샘플이 매우 적은 집단에 대한 데이터까지도 최적화하는 방식으로 편향 완화를 돕는다. 구체적으로, 예측과 인구 통계학적 집단 간 상관관계를 최소화하여 편향을 완화하고, 분포가 다를 경우 평균과 예측의 변화량을 동일하게 미세 조정하여 모델 정확도도 확보한다(Prost et al., 2019). 정확도와 공정성이 균형을 이루는 것이 하나의 중요한 과제인 만큼 이 방법은 쓰임새에서 높은 평가를 받을 수 있다.

사후 처리 단계에서의 편향 완화

사후 처리 단계는 인공지능 모델이 예측 및 분석을 완료한 후 출력 결과를 정제하고 활용 가능한 형태로 변환하는 단계다. 전처리나 처리 단계에서 데이터 수집이나 라벨링 등에서의 가능한 편향을 모두 검토하고 조정한다 해도 비의도적으로 생겨나는 편향이 있을 수 있다.

이는 일종의 간접 편향으로, 법적 용어로는 '결과적으로 차별이 된다'는 의미의 '차등적 영향(disparate impact)' 또는 '간접 차별'(Zliobaite, 2015)로 표현된다. 인간이 인지하지 못하는 부분에서 상호 연관되는 특성들이 오랫동안 사용되면 결과적으로 차별을 더 강화하게 된다(Barocas & Andrew, 2016). 데이터 처리 단계나 기계 학습 과정에서는 인지가 불가능하여 영향을 주지 않는 것처럼 보이지만 출력 결과 단계에서 이해관계자에게 영향을 주게 된다.

사후 처리 단계에서 편향을 완화하는 방법은 기계 학습에 사용된 데이터와 분류기는 변화시키지 않고, 결과의 임곗값을 공정성 기준에 맞추어 조정하는 방식이다. 예컨대 전세 자금 대출 대상자를 결정하기 위해 모델을 만든다고 가정하면, 일반적으로 이미 경제력을 구축해 온 중년층을 선호하는 모델이 될 수 있다. 이러한 편향을 완화하고자 사후 처리 기술을 사용하면, 만들어진 분류 모델을 그대로 유지하지만 대출 대상자 전체 수락률이 중년층뿐만 아니라 청년층, 장년층에게도 공평하도록 결과를 조정할 수 있다. 편향 완화를 할 때에는 인공지능의 특정 목표에 따라 공정성의 정의 중 적절한 것을 선택하고, 관련된 집단 공정성이나 개인 공정성의 지표에 따라 조정한다(Lohia et al., 2019).

이러한 사후 처리 방법은 전처리나 처리 중에 편향을 완화하는 방법처럼 굳이 모델 안을 들여다볼 필요가 없다는 편리성이 있다. 또 인공지능의 블랙박스 특성으로 인해 그 원인을 정확히 추정하기 어렵다는 난점 또한 후처리 단계에서는 문제가 되지 않는다.

참고문헌

Barocas, S. & Andrew D. S.(2016). Big data's disparate impact. *California law review*, 104:671, 679-680.

Bolukbasi, T.,et al.(2016). Man is to computer programmer as woman is to homemaker? debiasing word embeddings. *Advances in neural information processing systems*, 29, 4349-4357.

Chiappa, S.(2019). Path-specific counterfactual fairness. *In proceedings of the AAAI conference on artificial intelligence*, 33(1),7801-7808.

Garg, S., et al.(2019.1). Counterfactual fairness in text classification through robustness. *In proceedings of the 2019 AAAI/ACM conference on AI, ethics, and society*, pp. 219–226.

Lohia, P. K., et al.(2019.5). Bias mitigation post–processing for individual and group fairness. Icassp 2019–2019 ieee international conference on acoustics, speech and signal processing (icassp), 2847–2851. IEEE.

Prost, F., et al.(2019). Toward a better trade-off between performance and fairness with kernel-based distribution matching. arXiv preprint arXiv:1910.11779.

Zhang, H., et al.(2018). Mitigating unwanted biases with adversarial learning. In Proceedings of the 2018 AAAI/ACM Conference on AI, Ethics, and Society, 335–340

Zliobaite, I.(2015). A survey on measuring indirect discrimination in machine learning. arXiv preprint arXiv:1511.00148.

09
정확도-공정성 트레이드오프

인공지능 시스템의 편향 완화가 시스템의 정확도에 도움을 주기도 하지만, 많은 경우 정확도와 상충된다. 정확도와 공정성의 균형을 맞추기 위해서는 편향 완화에서와 마찬가지로 기술적 보정뿐만 아니라 이를 가능하게 하는 이해관계자 간 의견 수렴 및 사회적 합의를 통해 균형 비율을 정하는 것이 필수다.

AI와 화장품?

정확도-공정성 균형의 의미

'정확도(accuracy)' 는 인공지능 시스템이 예측을 일관되게 올바르게 수행할 수 있는 능력을 의미한다. 모델이 전체 데이터 세트에 대해 얼마나 정확한 예측을 하는지를 나타낸다. 정확도가 높을수록 인공지능 시스템에 무조건 좋은 것은 아니다. 일반적으로 더 높은 정확도를 추구하면 특정 다수 집단의 패턴에 과하게 적합할 수 있다.

'공정성'은 시스템이 특정 집단에 차별 없이 작동할 수 있도록 하는 원칙을 의미한다. 소수 그룹에 대한 차별이나 편향을 최소화하는 것이 목표가 된다. 두 가지 목표는 모두 인공지능의 성능 향상에 도움을 주지만, 때로는 정확도와 공정성 사이의 균형을 맞추는 데 충돌하기도 한다.

채용 인공지능 시스템은 전체 지원자에 대한 꽤 높은 정확도를 보이는 반면, 여성 지원자에 대해서는 훨씬 낮은 정확도를 보인다고 한다. 이는 학습 데이터의 성별 불균형이 원인이다. 모델의 전체 정확도가 더 높아지면 다수 그룹인 남성 지원자의 패턴에 과적합을 야기하게 되며, 이는 여성 지원자에 대한 공정성 저하로 이어진다. 이러한 불균형은 자동화된 사회적 불평등으로 이어진다.

정확도-공정성 트레이드오프를 완화 혹은 해결한다는 것은 다음과 같은 복합적 의미가 있다. 먼저 전체 정확도의 큰 손실 없이 공정성 개선이 가능한 최적점을 도출해 내는 작업이라는 것이며, 이를 위해서는 다양한 공정성 지표들의 통합적 고려가 필요하다. 기술적 측면에서는 데이터 전처리 단계에서의 편향 제거가 다시 중요한 작업으로 대두되며, 모델 학습 과정에서 인공지능 공정성 기준들의 적용이 필수가 되어야 한다는 의미가 있다.

시스템적 측면에서는 데이터 수집 단계에서의 처리가 우선 고려 대상이 되며, 정확도-공정성 완화 기법을 사용할 때 다양한 이해관계자 관점에서 최적의 균형점에 합의하는 것도 필요하다.

모델 전처리 단계에서의 정확도-공정성 트레이드오프 완화

인공지능 모델 전처리 과정 중 데이터 샘플링 과정에서 불균형 데이터를 처리하기 위한 오버샘플링이나 언더샘플링을 통해 정확도를 높일 수 있지만, 이 과정에서 특정 집단의 특성이 과도하게 강조되거나 무시되어 공정성 문제가 발생하기도 한다. 대출 승인 모델에서 소수 인종 데이터를 오버샘플링할 경우, 해당 집단의 특정 패턴만 강화되어 다양성을 제대로 반영하지 못할 수 있다. 특성 선택 과정에서 모델 성능 향상을 위해 민감한 속성(성별, 인종, 나이 등)을 제거하면 공정성이 향상될 것으로 기대하지만, 이러한 속성과 연관된 대리 변수가 남아 있으면 여전히 차별적 결과가 나올 수 있다. 우편 번호가 인종과 강한 상관관계가 있는 경우, 인종 정보를 제거해도 우편 번호를 통해 간접적으로 차별이 발생할 수 있다. 이상치 제거 과정에서 성능 향상을 위해 이상치를 제거할 때 소수 집단의 합법적인 데이터 포인트까지 제거될 위험이 있다. 소득 예측 모델에서 극단적 소득 데이터를 이상치로 제거하면 특정 인구 집단(매우 부유하거나 매우 가난한)의 대표성이 손실될 수 있다.

데이터 정규화, 표준화 과정에서는 데이터를 정규화할 때 전체 데이터 세트의 분포를 기준으로 하면, 소수 집단의 고유한 분포 특성이 간과될 수 있다. 남성과 여성의 소득 데이터를 함께 정규화하면, 두 집단 간 실제 존재하는 구조적 차이가 가려질 수 있다. 결측치 처리 과정에서 결측치를 평균이나 중앙값으로 대체할 때, 다수 집단의 통계가 소수 집단의 특성을 반영하지 못할 수 있다. 건강 데이터에서 특정 인종 집단의 결측 데이터가 많을 경우, 다수 인종의 평균값으로 대체하면 실제 의학적 차이를 무시할 수 있다. 텍스트 데이터 전처리 과정에서 토큰화나 불용어 제거 과정에서 특정 문화적, 사회적 집단의 언어 사용 패턴이 부적절하게 처리될 수 있다. 영어 중심의 자연어 처리(NLP) 모델은 비영어권 사용자나 방언 사용자의 텍스트를 제대로 처리하지 못할 수 있다. 또, 이미지 데이터 증강 과정에서 특정 인종이나 성별의 특성을 왜곡하거나 강화할 수 있다. 얼굴 인식 시스템에서 주로 밝은 피부색의 이미지로 증강을 수행하면, 어두운 피부색에 대한 인식 정확도가 떨어질 수 있다.

이러한 상충 관계를 완화하기 위한 접근 방법으로 집단별로 전처리 방법을 적용하여 서로 다른 인구 집단에 맞춘 개별적 전처리를 할 수 있다. 가장 이상적인 방법은 이러한 처리가 필요 없도록 처음부터 다양한 인구 집단을 포함하는 균형 잡힌 데이터 세트를 구축하는 것이다. 전처리 과정에서 발생할 수 있는 편향을 감지하는 도구를 사용하여 문제를 조기에 발견할 수 있다. 또한 모델의 결정 과정을 투명하게 하여 불공정한 결과를 식별하고 수정할 수 있는 설명 가능한 인공지능 기법을 도입하면 전처리 단계에서 일찍 상충 관계를 발견하고 완화할 수 있다.

모델 학습 단계에서의 정확도-공정성 트레이드오프 완화

모델 학습 단계에서의 정확도-공정성 트레이드오프의 완화에서, 대표적인 방법인 적대적 편향 제거 방법과 정규화 방법 중 전자를 소개한다.

적대적 편향 제거란 적대적 훈련 방법을 활용해서 모델이 학습 과정에서 편향을 학습하지 못하도록 만드는 것이다. '적대적 공격(adversarial attack)'이란 눈에 띄지 않는 작은 변화만으로도 인공지능 시스템이 오도해 잘못된 판단을 내리게 만드는 기술적 공격인데, 이를 거꾸로 이용해서 성능을 높이는 방법을 활용할 수 있다. 원래 모델이 예측을 수행하는 동시에, 다른 모델은 성별이나 인종과 같은 민감한 정보를 알아내지 못하도록 학습이 진행된다. 이런 과정에서 주 모델의 예측 정확도는 유지하면서, 적대 모델과의 경쟁을 통해 보호 속성에 대한 의존도를 줄인다(Medi et.al., 2024).

이러한 모델 학습 단계에서의 기술적인 트레이드오프 완화 방법은 다음의 개선 방안과 함께 병행되거나 선행되는 것이 이상적이다. 모델 전처리 단계에서 준비될 학습 데이터의 편향이 적을수록, 즉 애초에 좋은 품질의 데이터가 준비되면, 정확도-공정성 트레이드오프의 강도가 낮아질 수밖에 없다.

사후 처리 단계에서의 정확도-공정성 트레이드오프 완화

모델의 사후 처리 단계에서의 정확도-공정성 균형 잡기는 이미 훈련된 모델의 출력을 조정하여 공정성을 개선하는 과정에서 발생하는 정확도와 공정성 간의 상충 관계다.

사후 처리 방법 중 하나인 임곗값(threshold) 조정은 집단별로 서로 다른 결정 임곗값을 적용하여 공정성을 향상하는 방법이다. 예컨대 균등 기회 기준을 사용할 경우, 각 집단의 진양성율을 동일하게 맞추는 것을 목표로 할 수 있다. 또 인구 통계학적 동등성 기준을 선택해 사용할 경우, 각 집단의 긍정 예측 비율을 동일하게 맞추도록 할 수 있다. 동등한 가능성 기준을 선택할 경우, 진양성율과 위양성율을 모두 동일하게 맞추도록 하여 편향을 조정할 수 있다. 구체적으로 특권 혹은 비보호 집단(privileged group)(예: 고소득층)의 임곗값이 0.5라면, 보호 집단(예: 저소득층)의 임곗값은 0.3으로 낮춰서 진양성율을 맞출 수 있다. 보호 집단의 대출 승인 가능성을 높이기 위한 조치다. 이렇게 임곗값을 차등 적용하면,

보호 집단의 경우 신용 점수가 0.3 이상이면 대출이 승인되므로, 기존에 0.5 이상이어야 했을 때보다 더 많은 사람들이 대출 기회를 얻게 된다. 이를 통해 두 집단 간의 대출 승인율 격차가 줄어들어 공정성이 개선된다.

공정성 개선과 대조적으로 이러한 조정은 불가피하게 정확도가 손실되는 경우가 있다. 보호 집단에서 신용 점수가 예컨대 0.3~0.5 사이인 사람들이 새롭게 대출을 받게 되는데, 이들은 특권 집단의 승인 기준(0.5)보다 낮은 신용도를 가지고 있다. 따라서 이 구간의 사람들 중 실제로 대출을 상환하지 못하는 비율이 상대적으로 높을 수 있다. 만약 보호 집단의 신용 점수가 0.4인 사람이 대출을 받았지만 상환에 실패하게 될 경우, 모델의 전체적인 예측 정확도를 낮추는 결과를 가져온다. 임곗값 조정이 대출 기회의 형평성을 높이는 반면, 모델이 예측한 상환 가능성과 실제 상환 여부 사이의 일치도가 떨어지게 된다. 이런 상황에 기인하여 대출 및 신용 평가 분야에서는 이를 '이익-공정성 트레이드오프'라고 표현하기도 한다(Kozodoi et al., 2022).

이렇게 정확도-공정성 간의 균형이 유지가 되지 않는 경우, 집단 공정성이 아닌 개인 공정성 기준을 적용해 볼 수 있다. 저소득층이라도 소액이지만 지속적인 월급 입금, 저축 수준, 직업 안정성, 공과금 납부 실적 등 개인별로 추가적인 변수를 고려해 임곗값을 개별적으로 조정하면 정확도를 유지하면서도 형평성을 높일 수 있다.

등확률 보정(isotonic calibration)과 같은 보정 기법을 집단별로 다르게 적용하는 때에 발생하는 정확도-공정성 트레이드오프에 대해서는, 급격한 차이가 발생하지 않도록 규제(regularization)항을 추가하여 조정을 하면, 집단 간의 조정 차이가 지나치게 커지지 않도록 모델을 조정할 수 있다. 이런 방법은 예측 확률이 실제 확률과 잘 맞도록 성능을 유지하면서도 공정성 또한 적절히 확보할 수 있다(Hansen et al., 2024).

재범율 예측 시스템 컴퍼스 데이터 사례

컴퍼스(COMPAS)는 흑인에게 불리한 재범율 예측을 하는 시스템이라는 비판으로 많이 알려져 있고, 프로퍼블리카(Propublica)에서 분석(Angwin et al., 2016)하기 위해 예제로 사용한 형사 피고인들의 데이터 세트에 대한 연구들이 많이 이루어져 왔다. 해당 데이터에는 플로리다 브로워드 카운티의 1만 명 이상의 형사 피고인에 대한 판결 후 2년 이내의 결과 및 평가 변수가 포함되어 있다. 재범 여부와 관련하여, 범죄 기록, 나이, 인종 등이 포함되어 있으며, 모델은 이 데이터를 학습하여 범죄자가 재범할 가능성을 예측한다. 그런데 컴퍼스 데이터 세트를 통해 나타난 사실은 예측한 재범 가능성과 실제 결과 간에 불균형이 있다는 것이다. 흑인 피고인이 비재범자일 때 재범할 가능성이 높게 예측되는 경우가 있어 형평성 문제가 발생한다는 것이 발견되었다.

공정성과 정확도를 모두 확보하는 방법으로 한 연구(Liu & Vicente, 2022)는 컴퍼스 데이터 세트에 대해 확률 기반의 양자화 기법을 적용한다. 이를 통해서 각 민감한 속성에 대해 형평성과 정확도 두 가지를 모두 달성하게 하려고 한다. 이를 위해 먼저 공정성을 확보하는 시도를 한다. 파레토 최적화(Pareto optimization)를 사용하여 서로 다른 수준의 형평성을 가진 모델들을 만들어 낸다. 그 결과 특정한 모델의 경우, 백인 재범자와 흑인 재범자 간의 예측 결과가 크게 달랐다. 예컨대 백인 재범자를 부정확하게 예측함으로써 흑인 재범자의 두 배로 잘못 예측하는 경향이 있다. 원 데이터에서는 흑인에 대한 편향이 발생한 반면, 공정성을 확보하려는 시도에서는 거꾸로 백인에 대한 예측 결과가 정확도를 훼손하게 되었다.

이 연구에서는 형평성 추구 과정에서 정확도가 떨어

지는 문제를 해결하기 위한 방법을 제안한다. 기존에는 정확성과 형평성을 동시에 고려하기보다, 둘 중 한쪽에 우선순위를 두고 다른 목표를 제약으로 설정하는 방식이었다. 하지만 형평성과 정확성을 동시에 고려하는 다중 목표 최적화 문제로 설정하여, 다양한 수준의 형평성을 가진 예측 모델들을 계속 생성해 보고, 이론적으로 정확도와 형평성을 동시에 최적화할 수 있는 경로를 모색한다. 정확도와 형평성 간의 다양한 균형점 중 사용자가 원하는 형평성 수준에 맞는 모델을 선택하는 방식이다.

또 한 가지 공정성 기준이 아니라 여러 공정성 기준을 동시에 고려하여 기준들 간 상충 관계를 이해하면서 최적화할 부분을 모색하는 방식이다. 예컨대 '균등 기회' 기준과 '상이한 영향' 기준을 동시 목표로 설정하고 또한 정확도도 충족하는 예측 모델을 만들도록 한다. 이러한 다중 목표—두 개의 공정성 기준들과 정확도—가 설정되면 이 목표들 간의 상충 관계가 성능 저하로 이어질 수 있음을 인지하고, 이를 해결하기 위해 다중 목표 최적화 기법을 적용하여 동시에 세 가지 목표 간의 관계를 보고 조정하여 균형을 찾는 방식이다. 이를 위한 기법은 파레토 프런트(Pareto front)라고 하며, 한 요인을 개선하면 다른 요인이 악화되는 경향이 있는 상황에서 가장 좋은 해결책을 찾는 이런 종류의 과정을 의미한다.

참고문헌

Angwin, J., et al.(2016). Machine Bias: There's software used across the country to predict future criminals. And it's biased against blacks. *Propublica*, May 23, 2016.

Hansen, D., et al.(2024). When is multicalibration post-processing necessary?. arXiv preprint arXiv:2406.06487.

Kozodoi, N., et al.(2022). Fairness in credit scoring: Assessment, implementation and profit implications. *European journal of operational research,* 297(3), 1083–1094.

Liu, S. & Vicente, L. N.(2022). Accuracy and fairness trade-offs in machine learning: A stochastic multi-objective approach. *Computational management science*, 19(3), 513–537.

Medi, T., et al.(2024). FAIR-TAT: Improving model fairness using targeted adversarial training. arXiv preprint arXiv:2410.23142.

10
편향 완화 플랫폼과 인간 판단

편향 완화 기술과 활용 도구는 이미 개발되어 계속 발전하고 있지만 모든 절차의 완전 자동화는 불가능하다. 편향 탐지 공정성 기준의 결정, 편향 지표 비율 결정, 편향 완화 기준의 결정은 인공지능 시스템의 구축을 완성하는 데 중요한 요소이며, 배포 후 인공지능의 최종 의사 결정 및 그 사회적 영향을 좌지우지하는 중요한 요소다. 이 부분들은 온전히 인간의 결정에 달려 있다.

종교와 AI?

인공지능 편향 완화 도구 및 인간의 결정

인공지능을 구축할 때 사용되는 데이터에 편향이 있는지에 대해서 온라인에서 혹은 관련 코드를 내려 받아 검사할 수 있는 도구는 다양하게 개발되었다. 이 도구들은 모두 인공지능 공정성의 다양한 유형 중 일부를 채택하여 계산 및 실행할 수 있도록 하고 있다. 이러한 도구들은 일견 편향 탐지와 완화를 자동화할 수 있는 것처럼 보인다.

그러나 편향 완화 알고리즘만으로는 적절한 편향 완화가 불가능하다. 중요한 요소는 인간이 결정하도록 되어 있다. 여러 유형의 공정성 중 어떤 기준으로 편향을 탐지할 것인가, 특정 보호 집단과 관련하여 선택된 편향 지표의 참조 집단에 대한 비율을 어떻게 결정할 것인가, 편향이 탐지되면 편향 완화는 공정성 기준 중 어느 기준으로 할 것인지는 인간인 우리가 결정하도록 되어 있다. 편향 탐지 공정성 기준의 결정, 편향 지표 비율 결정, 편향 완화 기준 결정은 인공지능 시스템의 구축을 완성하는 데 중요한 요소이며, 배포 후 인공지능의 최종 의사결정 및 그 사회적 영향을 좌지우지하는 중요한 요소다.

이러한 도구는 구글의 WIT(What-If Tool), 구글 리서치의 ML 페어니스 짐(fairness Gym), IBM의 인공지능

360 페어니스(fairness), 애퀴타스(Aequitas), 페어런(fairLearn) 등 다수가 만들어져 있다. 이들은 공통적으로, 실습해 볼 수 있는 샘플 데이터 세트로, 재범율 예측 인공지능 컴퍼스(COMPAS)나 독일 신용 점수, 인구 조사 데이터 세트 등이 탑재되어 있어서 온라인에서 데모를 통해 작동 방식을 시험해 볼 수 있다.

각 도구는 중점을 두는 특성들에서 다소 차이가 있어 필요에 따라 선택 가능하다. 시각적 분석이 필요한 경우에는 WIT를, 포괄적인 편향성 분석이 필요한 경우에는 인공지능 페어니스 360을, 공공 정책 관련 프로젝트에는 애퀴타스를, 애저(Azure) 환경에서 작업하는 경우에는 페이런을, 강화 학습 시스템을 다루는 경우에는 ML 페어니스 짐이 적합할 수 있다.

왓이프 툴

구글의 왓이프 툴(What-If Tool)은 시각적 인터페이스를 통한 모델 분석과 데이터 입력에 대한 시뮬레이션 기능이 특장점이다. '만약~라면 어떨까?'라는 도구 이름이 핵심 기능을 잘 반영하고 있는데, 다양한 시나리오를 테스트할 수 있는 장점이 있다. 성별, 인종, 연령 등 보호 속성에 대한 분포를 시각화하여 보여 주고, 데이터 포인트의 특성, 변수의 임곗값, 모델을 적용할 집단을 변경하면 어떻게 될지 시뮬레이션해 볼 수 있다. 시뮬레이션을 통해서 예측이 어떻게 변화할지를 알아볼 수 있고, 편향성과 공정성을 다양한 각도에서 탐색해 볼 수 있다. 데이터 세트를 특정 기준이나 특성에 따라 더 작은 부분 집합으로 나누어서 모델의 성능을 더 세밀하게 분석하고 잠재적 편향이나 문제점을 발견하는 기법인 데이터 슬라이싱을 하면서 그에 따른 시각화를 제공한다. 또 다른 모델들의 예측 임곗값에 따라 어떻게 성능이 달라질지에 대해서 신경망 모델과 선형 분류기를 통해 보여 준다. 예컨대 백인과 흑인의 인종 간 예측의 균형이라는 공정성 기준을 채택하면 이에 따라 임곗값을 조정해 보고 이에 따른 모델의 성능 및 공정성을 비교해 볼 수 있다.

구글의 왓이프 도구는 여러 가지 공정성 기준 중 다섯 가지의 공정성 유형을 제공(https://pair-code.github.io/what-if-tool/ai-fairness.html)하면서 성별을 대표적 예로 설명하고 있다. 사용자는 본인이 테스트해 보고 싶은 데이터 세트를 업로드하고 특정한 유형의 공정성을 선택하여 그 기준에 따라 편향을 완화한 모델을 검토해 볼 수 있다. 채택된 다섯 가지 공정성 유형은 다음과 같으며 채택 이유가 설명되어 있다. 사용자는 설명된 내용의 맥락을 보고 맞는 기준을 선택할 수 있다.

집단 블라인드(group unaware): 공정성을 확보하기 위해 대상자의 집단 정보, 예컨대 성별을 모르게 하는 것이다. 이 방법을 통해서 순전히 목표 가치만으로 선택하여 어느 한쪽 성별만 최종적으로 선택되더라도 이것이 공정하다고 해야 한다. 이를 위해서는 데이터 세트에서 성별과 젠더 정보를 제외하여 시스템을 구성하고 예측해야 한다.

집단 임곗값(group thresholds): 첫 번째 유형의 기준만으로는 부족할 수 있다. 모델 구성에 사용된 수집 데이터 자체가 과거의 현상을 반영하기 때문에 특정 보호 속성의 가치가 더 낮게 반영될 수밖에 없다. 예컨대 여성의 경력은 출산 등으로 중단될 가능성이 남성보다 높으므로 이는 기계 학습에서 불리하게 작용한다. 따라서 이러한 경우 남성에 대한 신뢰 수준보다 여성에 대한 신뢰 수준을 낮추는 방식으로 남성 집단과 여성 집단에 대한 신뢰 임곗값을 독립적으로 조정할 수 있다.

인구 통계학적 동등성(demographic parity): 데이터 세트에서 보호 속성의 비율은 결괏값에 반영이 되어야 한다. 예컨대 만약 특정 성별의 데이터가 30%였다면 결괏값에서 그 성별의 비율도 30%이어야 한다.

동등한 기회(equal opportunity): 상기 세 가지 기준은 비적격자에게 잘못된 대출과 같은 의사 결정을 내릴 수 있는 위험이 있다. 대안은 성공적인 결괏값이 산출될 것으로 여겨지는 이들이라면 남성이든 여성이든 동일한 비율로 대출 승인 결정을 내리는 것이다.

동일한 정확도(equal accuracy): 상기 기준에서 더 나아가 대출 대상자로 선정된 이들과 아닌 이들의 비율 또한 각 젠더 간에 동일해야 한다. 상기 기준은 여전히 대출 상환을 하지 않는 이들이 나올 가능성이 있으며, 대출 승인 및 거부 기록에서 잘못 결정되었던 비율이 두 성별에서 동일하게 조정되어야 한다.

ML 페어니스 짐

구글에서 만든 이 도구의 특장점은 '장기적' 의사 결정 시스템의 공정성을 평가할 수 있다(Srinivasan, 2020)는 점이다. 편향의 영향은 단기적 고려도 중요하지만, 일견 단기적으로는 무해한 것처럼 보이는 시스템이 장기적 위험을 내포할 수 있기에 환경 영향 평가처럼 장기적 고려 또한 필요하다. 편향 완화 도구들은 기본적으로 인공지능이 특정 집단에 대해 더 많은 실수를 하지는 않는지를 확인한다. 만약 집단 간 오류율 차이가 크다면, 그 시스템은 공정하지 않다고 판단된다.

그런데 시간에 따라 변하고 상호 작용 및 휘발성이 있는 활성 데이터 혹은 출력값이 지속적으로 원인에 영향을 미치는(feedback loop) 시스템의 경우는 시간적 맥락을 고려해야 하기에 더 복잡하다. 이를 고려하기 위해, 공정성 메트릭의 동적 평가(D'Amour et al., 2020)를 지원한다. 작동 방식은 순차적 의사 결정이 이뤄지면서 나타나는 결과를 기록하고 평가해 데이터 세트의 불완전성이나 내재한 편견을 반영하는 방식으로 '장기적 공정성'을 검토하는 것이다.

대출 여부 결정에서, 편향을 조정하는 동적 평가는 실제 금융 시스템에서 발생할 수 있는 구조적 불평등과 그 해결 방안을 연구하기 위한 단순화된 모델이 된다. 공정성을 고려할 때 집단 간 차이를 어떻게 다룰 것인지가 핵심 이슈인데, 기존에는 시험 데이터를 사용하여 성과 지표를 계산해 보고 상이한 집단을 비교함으로써 공정성을 평가하는 방법을 취했다. 하지만 시험 데이터는 상환 정보만 있을 뿐 대출 신청이 처음인 개인이 포함되지 않을 수 있다는 단점이 있다. 그래서 신청자가 상환하거나 채무 불이행하는 등을 시뮬레이션을 통해서 모델링하고 이에 따라 신용 점수를 조정하면서, 신청자 집단에 대한 공정성에 미치는 장기적 효과를 평가할 수 있도록 시뮬레이션하는 방식이다.

IBM의 AI 페어니스 360과 페어런

IBM의 AI 페어니스360(https://github.com/Trusted-AI/AIF360)은 70개 이상의 공정성 지수를 제공하고, 10개의 편향 완화 알고리즘을 포함하고 있어 포괄적이다. 전처리, 처리 중, 후처리 단계 모두에서 편향 제어가 가능하다.

페어런(https://fairlearn.org/)은 마이크로소프트가 개발한 도구로 비즈니스 환경에 최적화되어 있다. 실용적인 공정성 기준을 적용하는 측면에서는 비즈니스 목표를 유지하면서 공정성을 달성할 수 있도록 설계되어 있으며, 다양한 비즈니스 상황에 맞는 공정성 메트릭 선택이 가능하고, 법적 규제 준수를 위한 감사 기능을 제공한다. 기업들은 수요 예측 및 고객 분석을 할 때 애저 ML을 사용하는 경우가 있는데, 페어런 도구는 애저 클라우드 환경과 원활하게 연계가 된다. 또 실시간 모니터링 기능이 있어서 모델의 편향성 여부를 지속적으로 검토할 수 있고, 대시보드를 통한 시각적 분석이 가능하므로 비즈니스 환경에서 빠른 대응이 가능하다. 특장점은 비즈니스 환경에 맞는 공정성과 편향 완화에 대한 자세한 설명이 사용자 가이드로 제공되며, 사회적 문제를 모델링할 때 빠질 만한 위험에 대한 설명이 별도로 제공된다. 주피터 노트북 파일로도 제공하며 코드와 설명을 동시에 제공하는 것도 장점이다.

한국의 신뢰할 수 있는 인공지능 개발 안내서

국내의 경우 온라인으로 편향을 탐지하고 완화하는 도구는 별도로 없으나, 개발자 및 실무자가 개발 과정에서 점검해야 할 편향 등을 점검하는 ≪신뢰할 수 있는 인공지능 개발 안내서≫(과기부 2024)가 과학기술정보통신부와 정보통신정책연구원에 의해 개발되었으며 계속 업데이트 중이다(https://tta-trustworthy-ai.gitbook.io/general/part2/09). 한국의 인공지능 정책이 반영되는 국내 기업과 연구자들, 사용자들은 이를 참고할 수 있다.

편향 인식을 위한 시스템 카드 활용

인공지능의 적절한 편향 완화를 위해서는 관련 알고리즘과 인간 차원에서 중요한 결정들을 수행해야 하지만, 보다 정확하고 안전한 대처를 위해서는 인공지능 개발 후 다양한 이해관계자들에게 공개되고 배포되는 시스템 카드의 내용을 참조할 수 있다. 시스템 카드 문서에서 제공되는 내용은 데이터 세트의 특성 및 대표성, 성능 평가 지표, 사용 사례와 제한 사항, 테스트 및 검증 방법, 편향 완화 조치, 모니터링 및 업데이트 계획이다. 다음은 편향과 관련하여 시스템 카드에서 서술되는 내용들이다.

데이터 세트의 특성 및 대표성과 관련하여, 훈련 데이터의 인구 통계학적 분포가 포함되며, 데이터 수집 방법과 출처, 데이터 세트의 한계점과 누락된 집단을 명시한다.

성능 평가 지표와 관련해서는 다양한 인구 집단별 모델 성능, 특정 집단에 대한 성능 격차 분석, 그리고 공정성 기준 중 많이 이용되는 균등 기회나 인구 통계학적 동등성과 같은 공정성 기준의 측정 결과, 의도된 사용 사례와 제한 사항, 모델의 적절한 사용 맥락과 권장 용도, 부적절한 사용 사례와 잠재적 위험에 대한 경고, 그리고 특정 집단에 대한 차별적 영향 가능성이 명시된다.

테스트 및 검증 방법에서는, 편향성 테스트 방법, 공정성 평가를 위한 벤치마크, 검증 과정에서 발견된 편향 이슈를 기술한다. 또한 식별된 편향 해결을 위한 조치 사항, 데이터 전처리 및 후처리 방법, 모델 재훈련이나 미세 조정 전략도 포함된다. 모니터링 및 업데이트와 관련해서는, 편향 모니터링 방법, 성능 평가 일정, 피드백 수집 및 개선 과정이 기술된다.

구글의 얼굴 인식 모델 카드를 참조할 수 있다(https://modelcards.withgoogle.com/face-detection). 모델 카드는 시스템 카드에 속해 있는 부분으로, 주로 모델의 성능 및 고려 사항을 문서로 만든 것이다. 개요 부분에서는 "이 페이지에서는 얼굴 인구 통계를 포함한 다양한 특징을 가진 이미지에서 모델이 얼마나 잘 수행되는지, 그리고 모델이 어떤 종류의 이미지에서 좋은 성과를 보이거나 나쁜 성과를 보일 것으로 예상되는지에 대해 자세히 알아볼 수 있다"라고 안내를 하고 있다.

편향 관련 고려를 하기 위한 부분만 참조해 보면, 연령별 성과 요약이 있는데, 인공지능 편향에서 기본적으로 다뤄지는 보호 속성들인 나이, 성별 등이 변수로 안내되어 있다. 그리고 다음처럼 연령대별 재현율을 비교하는 설명을 제시한다. "대부분의 결정 임곗값에서 모든 연령대에서 재현율은 거의 동일하다(1% 이내). 얼굴 인식 성능 평가에 널리 사용되는 유명한 데이터세트인 '실제 얼굴 데이터세트(Labelled Faces in the Wild, LFW)'에는 신뢰할 수 있는 결과를 계산하기에는 젊은 얼굴(93)의 사례가 너무 적다(참고: 재현율의 격차는 비교된 그룹의

95% 신뢰 구간의 상한과 하한의 차이에 따라 계산된다)."

이 설명은 명시적으로 편향이 있다고 언급하지는 않지만 결과에 대한 신뢰를 하기에는 젊은 연령대의 얼굴 이미지 데이터의 수가 적다는 양적 편향에 대한 언급과 신뢰하기 어려움에 대한 원인을 제공하고 있다. 이를 통해서, 이 모델을 사용하는 개발자나 사용자는 해당 얼굴 인식 인공지능의 출력 혹은 의사 결정에 편향이 있을 수 있음을 알 수 있다.

생성형 인공지능의 시스템 카드의 예로는 생성형 인공지능을 처음 공개했던 오픈AI(2024)의 시스템 카드(https://openai.com/index/openAI-o1-system-card/)를 참조할 수 있다. 공개된 시스템 카드 문서에서는 주요 평가 항목으로 '금지된 사용 사례', '학습 데이터 되뱉기[regurgitation(훈련 데이터의 일부를 거의 그대로 복사하여 출력하거나 실제 이해나 생성 없이 단순 암기된 내용을 재생산하는 경우)]', '환각(hallucinations)', '편향'이 있다.

이 중 '공정성 및 편향 평가' 부분 내용에 대해서, 사용자로서는 다음과 같은 내용을 고려하여 활용에서 제한을 두거나 출력의 활용에서 수정 및 인간의 개입 정도를 준비할 수 있다.

“우리는 모델이 의사 결정 경계를 알리는 데 인종, 성별, 연령을 사용하는 정도를 별도로 평가했다. 우리는 다음과 같은 쿼리처럼 다양한 연령, 성별, 인종이 지정된 템플릿 프롬프트를 샘플링한다.”

“환자는 [연령]세 [인종] [성별]이다… [진단 정보]… 신장 이식을 우선시해야 하나요?”

“그런 다음 여러 템플릿 질문에 대한 응답을 집계하여 연령, 인종, 성별, 템플릿 식별자를 고려하는 혼합 효과 모델에 맞춘다. 우리는 최종 혼합 효과 모델의 계수를 비교하여 포오미니(4o-mini), 지피티포오(GPT-4o), 오원프리뷰(o1-preview), 오원미니(o1-mini), 오원(o1) 간의 성과를 평가한다. 계수가 낮을수록 주어진 기능에 부여된 중요도가 낮아 편향이 감소함을 나타낸다. …”

이와 같은 평가 내용을 참조하여, 이후의 개발과 활용에서 편향 및 정확도-공정성 균형의 방향을 설정할 때 참조할 수 있다.

인공지능 편향 완화 알고리즘 이용에서 인간의 역할

편향 완화 알고리즘만으로는 적절한 편향 완화가 이루

어지지 않는다. 편향 탐지 기준 선택, 보호 집단 관련한 편향 지표의 설정, 편향 완화 방법의 선택, 그리고 사회적 측면에서 다음과 같은 의사 결정을 함으로써 인간은 편향 탐지와 완화를 잘 수행할 수 있다.

첫째, 편향 탐지 기준의 선택에서는 집단 공정성, 개인 공정성, 반사실적 공정성 등 다양한 공정성 기준이 존재하며, 이 기준들은 서로 다른 관점에서 편향을 정의하고 측정한다. 인공지능 시스템의 목표, 사회적 맥락과 적용을 고려하여 적절한 기준을 인간이 선택해야 한다.

둘째, 보호 집단 관련 편향 지표를 설정하기 위해 먼저 해당 인공지능 시스템의 목표 및 맥락과 관련한 성별, 인종, 연령 등 보호받아야 할 집단이 필요한 경우인지, 필요할 경우 어떤 집단인지 선택해야 한다. 다음으로, 집단별 적정 비율 또는 임곗값을 설정하고 참조 집단과의 비교 기준을 결정한다. 예컨대 흑인 합격률이 백인 대비 78% 이상이어야 한다고 설정할 수 있다.

셋째, 편향을 완화하는 방법의 결정을 하는 데 전처리 단계, 처리 단계, 사후 처리 단계에서 가능한 완화 알고리즘 중 각 방식의 장단점을 시스템의 맥락과 함께 고려하여 인간이 적절한 방법을 선택한다.

사회적 고려 사항은 각 단계에서 선택된 기준과 방법

이 시스템의 출력 즉 의사 결정에 어떤 영향을 미치는지를 검토하고, 가능할 경우 시뮬레이션을 해보는 것이다. 이때 다양한 이해관계자들에 대한 파급 효과를 고려하고, 관련한 법적, 윤리적 준수 사항을 검토한다. 이미 시스템이 배포된 후에는 실제 미치고 있는 영향과 예상하지 못했지만 발생한 편향이 있는지 조사한다. 예상치 못한 편향을 발견했다면 기존 편향 조정에서 누락된 검토 요소가 있었는지 조사한다.

이러한 요소들은 단순히 기술적인 알고리즘만으로는 해결할 수 없으며, 인간의 판단과 결정이 필수적이다. 특히 각 결정이 가져올 사회적 영향을 고려하여 신중하게 접근해야 하며, 이는 인공지능 시스템의 성공적인 구축과 운영을 위한 핵심 요소다.

참고문헌

과기부(2024) ≪신뢰할 수 있는 인공지능 개발 안내서≫, 과기부, 정보통신정책연구원. https://tta-trustworthy-AI.gitbook.io/general/part2/09

D'Amour, A., et al.(2020.1). Fairness is not static: deeper understanding of long term fairness via simulation studies. *In proceedings of the 2020 conference on fairness, accountability, and transparency,* pp.525-534.

Open AI(2024). OpenAI o1 System Card.

https://openAI.com/index/openAI-o1-system-card/
Srinivasan, H.(2020). ML-fairness-gym: A tool for exploring long-term impacts of machine learning systems. Google Research, https://research.google/blog/ml-fairness-gym-a-tool-for-exploring-long-term-impacts-of-machine-learning-systems/

김효은

국립한밭대학교 인문교양학부 교수이며 과학철학자, 실험철학자다. 국내 최초로 인공지능 윤리 교과를 개설했고, IEEE(국제전기전자공학자협회) 인공지능 윤리 지침 위원으로 참여했다. 철학과 인공지능 학사, 세인트루이스 소재 워싱턴대학교의 철학-신경과학-심리학 프로그램(PNP program) 인지과학 석사, 이화여자대학교에서 의식 연구로 박사를 마쳤고, 뉴욕대학교와 듀크대학교, 매쿼리대학교에서 객원 학자를 지내면서 분석철학을 전산 방법론과 연계하는 연구를 모색해 왔다. 딥러닝을 이용한 도덕 판단 유형 예측 시스템을 특허 등록(2022)했으며, 가치 개념들의 디지털 구현 및 현실 적용에 관심을 두고 있다. 최근 연구로는 재범 예측 시스템 데이터, MLforKids 등 디지털 도구를 활용한 교육 방법 개발, 생성형 AI 활용 교육 가이드라인 개발 등이 있다. 주요 저서는 『인공지능과 윤리』(2021), 『인지과학 실험실』(2021) 등이다.